I0486739

COMPETENCIAS SOCIO-EMOCIONALES:

su desarrollo a través del juego y la simulación.

COMPETENCIAS SOCIO-EMOCIONALES:

su desarrollo a través del juego y la simulación.

RICARDO ZAMORA ENCISO

© 2010, Ricardo Zamora Enciso

Para cualquier consulta sobre este libro puede dirigirse directamente al autor: rzamora@traininggames.com

Reservados todos los derechos. Queda rigurosamente prohibida sin la autorización escrita de los titulares del copyright, bajo las sanciones establecidas en las leyes, la reproducción parcial o total de esta obra por cualquier medio o procedimiento, incluidos la reprografía y el tratamiento informático, así como la distribución de ejemplares mediante alquiler o préstamo público.

Editado en España por Lulu.com

ISBN 978-1-4457-6098-8

Foto de portada: http://www.istockphoto.com

Esta publicación puede ser adquirida tanto en formato papel como en formato digital en la siguiente dirección:

http://stores.lulu.com/RicardoZamora

Querido lector,

Cuando el 1995 fundé Training Games, mi objetivo entonces era centrarme en la aplicación de mecánicas lúdicas al aprendizaje. Entendía y así me lo ha demostrado el tiempo, que aprender jugando era mucho más efectivo e infinitamente más atractivo que una sesión tradicional de formación.

En un principio mi actividad se centró en la realización de juegos que en seguida derivaron a simuladores, de mayor valor añadido y capaces de reflejar realidades empresariales mucho más complejas. El mundo de los simuladores me introdujo en dos disciplinas apasionantes, la dinámica de sistemas y el pensamiento sistémico. La primera, centrada en los modelos de representación de la realidad que utilizaba en las simulaciones, me ayudaron en el propio diseño de los simuladores como tales herramientas. La segunda me abrió la mente a la comprensión de la realidad desde un punto de vista más amplio, más global.

La Teoría de Sistemas y la Teoría de la Complejidad me llevaron a una perspectiva interrelacional de las situaciones cotidianas de las empresas. Y desde aquí volví sobre mis pasos para centrarme en aquellas competencias socioemocionales capaces de favorecer una interrelación que a su vez facilite la resolución de los problemas de la misma índole. Nació entonces mi especialización en temas de liderazgo distribuido, cooperación-colaboración y trabajo en equipo.

En este libro recojo algunos artículos previamente publicados que escribí relacionados con alguna de esas etapas y que hoy adquieren un sentido más global. Espero que al lector le sea de mayor utilidad esta presentación agregada.

Ricardo Zamora Enciso
http://www.ricardozamora.es

INDICE

Prólogo

La sociedad preindustrial se estructuraba en base a oficios. Un artesano se especializaba en un proceso productivo, abarcándolo de principio a fin. Acumulaba toda la información, todo el conocimiento, todo el proceso. A través de su habilidad y experiencia era capaz, con el tiempo, de alcanzar mayores niveles de desarrollo. Ese conocimiento y habilidad, sin embargo, eran personales y costosos de transferir. El proceso productivo era lento e individualizado.

Con Adams Smith ("La riqueza de las naciones, 1776") se inicia un proceso de transformación de la sociedad que se caracterizará por la división del trabajo. Henry Ford depuró el concepto de Smith de dividir el trabajo en pequeñas tareas repetitivas y creó la línea móvil de montaje o *línea de ensamblaje*. Llevó el trabajo al trabajador. Al dividirlo, Ford hizo el trabajo mucho más sencillo, pero complicó el proceso de coordinar a la gente y combinar los resultados para obtener un automóvil perfecto. Más adelante Alfred Sloan creó el prototipo de sistema administrativo. Asumió el mando de GM, perfeccionó el sistema empezado por Ford y estableció un sistema más global, identificado como de *fabricación en serie*. Sloan aplicó a la administración el principio de Adam Smith de la división del trabajo. Los ejecutivos no necesitaban conocimientos de ingeniería, ni de fabricación, para supervisar esas áreas funcionales estaban los especialistas. Necesitaban pericia financiera. Los nuevos especialistas en marketing y los gerentes financieros potenciaron el trabajo de los ingenieros de la compañía. La persona ya no realiza más que una porción del proceso, su conocimiento es fácilmente adquirible, su función es sustituible, el proceso productivo se acelera y se hace masivo.

En la época actual, la era de la información y el conocimiento, la tecnología es universal, fácilmente adquirible y poco diferenciadora. El producto ya no aporta margen porque la competencia ha exprimido tanto los procesos productivos que las soluciones se han convertido también en comunes. Las fusiones, adquisiciones, la globalización, el outsourcing han sido respuestas adecuadas hasta el momento y durante el proceso de optimización. Hemos pasado de productos masivos a productos universales. Y es esa misma universalidad la que ahoga al consumidor actual que en su lucha por la diferenciación busca diseño, identificación, servicio y trato personalizado. El cliente toma conciencia de sí mismo, de su poder, y exige desde su individualidad, provocando movimientos colectivos que deben ser atendidos por las empresas.

Esta situación estimula aun más algunos procesos ya iniciados. Las empresas se centran en su core business derivando todo aquello que no es estrictamente clave. Se externaliza la fabricación, la logística, el área jurídica, la de informática, incluso los recursos humanos. El resultado es lo que podemos denominar "la empresa extendida". Los límites de las empresas se hacen difusos e incluyen partes de sus proveedores que pasan a denominarse partners. Estos partners actúan realmente como unidades especializadas de las empresas que rentabilizan esa especialización con diferentes clientes. En el fondo, esta organización en clusters es la consecuencia natural del proceso de superespecialización provocado por la competencia. En realidad, la organización en clusters también se reproduce internamente. La diferencia es que si externamente lo hace de manera funcional, internamente lo hace por proyectos.

Los clusters a su vez, ayudan al aumento de las interrelaciones de los agentes económicos, a la complejidad, al intercambio de conocimiento, a la universalidad.

Por ello, si la organización interna se articula por proyectos y la diferenciación de las organizaciones depende de su capacidad para agregar valor al cliente final más allá del producto, desembocamos rápidamente en la dependencia de los equipos humanos para conseguir resultados. Cuando las máquinas y los procesos estandarizados ya no son capaces de añadir valor a la oferta de las empresas, el protagonismo lo adquieren las personas que las integran. De hecho estamos entrando en una época donde la dependencia de los equipos y no de los individuos será mayor que nunca. Sólo los equipos multidisciplinares, capacitados, cohesionados, motivados y coordinados serán capaces de gestionar las interrelaciones y la complejidad que afecta a las diferentes áreas de las organizaciones.

Es por lo tanto muy importante y de máxima prioridad, girar el timón hacia la consideración de las relaciones (internas y externas) como pieza fundamental del éxito empresarial. Llegados a este punto se hace imprescindible contar con un modelo de desarrollo de competencias socio-emocionales acorde a las especiales características de los tiempos que corren.

CAPÍTULO 1

LA GESTIÓN POR COMPETENCIAS

1.1   Introducción

Vivimos tiempos caracterizados por cambios constantes. El cambio en sí no es un factor nuevo, pero sí lo es la rapidez, frecuencia, naturaleza e impacto de los cambios. En este entorno, los factores tangibles de la gestión pierden importancia frente a aquellos intangibles que se derivan de la propia intervención humana. Es aquí donde adquiere importancia una gestión de Recursos Humanos que permita estimular y optimizar esa intervención humana.

En paralelo, los procesos de globalización e internacionalización de las empresas y de la sociedad en general han generado organizaciones extensas y complejas cada vez más difíciles de gestionar. Se hace necesaria la aplicación de criterios que permitan objetivizar y manejar esa gestión de Recursos Humanos.

Es aquí donde la Gestión por Competencias aporta valor, al dotarnos de un método integral que de manera pseudocientífica, permite objetivizar para grandes colectivos los procesos fundamentales de esa gestión.

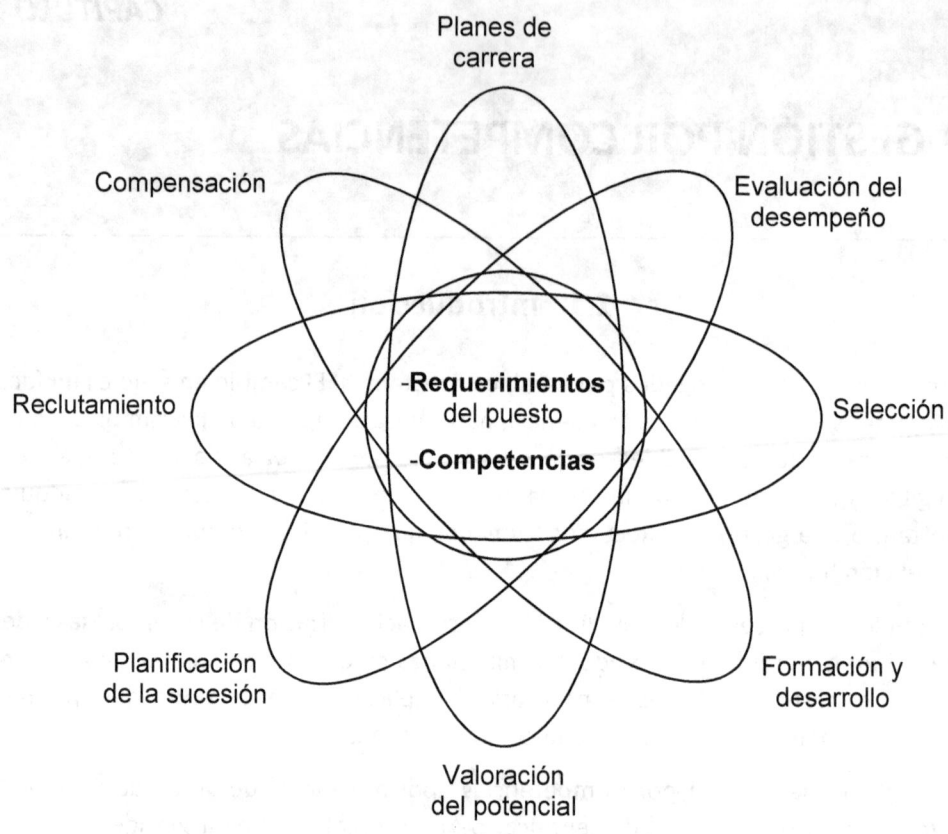

Ilustración 1-1: Sistema integral de planificación de recursos humanos(Spencer & Spencer, 1993)

1.2 Definición de "competencia"

El modelo de competencias tiene su origen en la comprobación de que la pura inteligencia no es un factor que se correlacione con el buen rendimiento en el trabajo y el éxito en la vida. Muy al contrario, dicho rendimiento en el trabajo debe ser medido a través de tales competencias (McClelland, 1973). Se define una competencia en el trabajo como "una característica subyacente en una persona que está causalmente relacionada con el desarrollo efectivo o superior en un trabajo" (Boyatzis, 1982). Característica subyacente significa que la competencia está profunda y permanentemente asociada a la personalidad y permite predecir comportamientos en una amplia variedad de situaciones y tareas profesionales. Causalmente relacionada significa que una competencia causa o predice un comportamiento o una actuación.

Las competencias, como se infiere de su definición, no tienen una aplicación universal. Es decir la gestión de una competencia sólo tiene sentido en función de un puesto de trabajo concreto en una empresa y un entorno determinados. Así, por ejemplo, aunque se puedan identificar una serie de competencias generales que necesita un camarero, éstas se modificarán o se matizarán en función del entorno o la empresa en la que trabaje dicho camarero: no son idénticas competencias las que necesita un camarero de éxito en un hotel de cinco estrellas que las que requiere un camarero "modelo" en una terraza de verano en un local de la costa.

1.3 Características de las competencias

Existen cinco tipos de características de las competencias (Spencer & Spencer, 1993):

1) Motivos. Las cosas que alguien piensa de manera consistente acerca de algo y que le inducen a tomar ciertas acciones. Los motivos "impulsan, orientan y seleccionan" el comportamiento hacia determinadas acciones y objetivos.

2) Rasgos. Características físicas y respuestas identificables a determinadas situaciones o información.
Un ejemplo para diferenciar motivos y rasgos sería la orientación al logro o al poder de una persona (motivos) que podría externalizarse con rasgos de la personalidad como tener iniciativas o caminar deprisa.

3) Auto-concepto. Actitudes, valores o auto-imagen de una persona. Se refiere a la autopercepción que una persona puede tener de si misma, de su imagen, de sus capacidades. La persona con una determinada auto-imagen tomará roles sociales que reafirmen dicha percepción. Por ejemplo, alguien que se considera eficiente tenderá a ser innovador. Alguien persuasivo se considerará un líder.

4) Conocimientos. Originalmente se consideraba el conocimiento como la información que una persona posee respecto a determinadas áreas y contenidos. Si afinamos una definición más actual, incluiríamos su puesta en acción, su utilización con un fin concreto. Para Davenport y Prusak el conocimiento es una mezcla de experiencia, valores, información y "saber hacer" que sirve como marco para la incorporación de nuevas experiencias e información, y es útil para la acción (Davenport & Prusak, 2001).

5) Skills. Es la habilidad de demostrar un modo de hacer, una secuencia de comportamientos que están funcionalmente relacionadas con la consecución de un determinado objetivo. Un ejemplo lo tendríamos en la habilidad de planificar, de identificar una secuencia de acciones a emprender para la consecución de un objetivo.

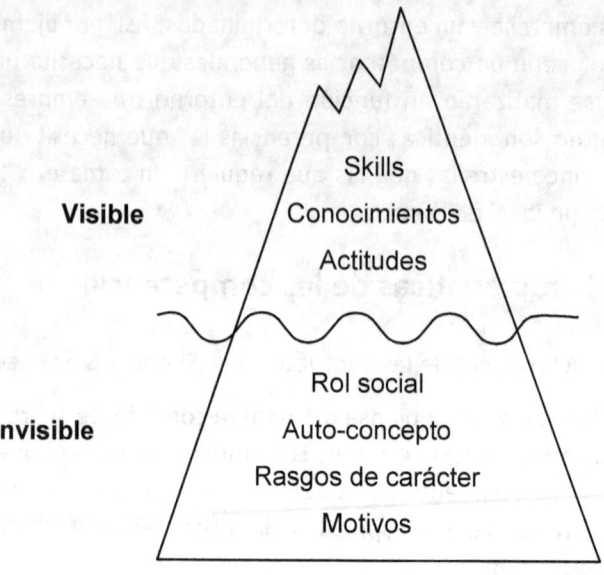

Ilustración 1-2: Modelo del Iceberg

1.4   Diccionario de competencias

Inspirados en los trabajos de David C. McClelland y George O. Klemo, Jr. así como gracias al esfuerzo de numerosos profesionales perteneciente al staff de la compañía McBer, a lo largo de los años, se define la metodología denominada Job Competence Assessment (JCA) como base para le gestión integral de los recursos humanos. Boyatzis, identificando los resultados obtenidos en distintas investigaciones realizadas con el método BEI encontró que existían una serie de competencias definitorias del éxito profesional, independientemente de la estructura organizacional y las denominó competencias genéricas. A raíz del éxito obtenido por Boyatzis, se llevó a cabo, años más tarde, una investigación dirigida a determinar las competencias claves en el éxito laboral que tomó la forma de un diccionario de competencias (Spencer & Spencer, 1993). Como consecuencia de la inclusión de indicadores de comportamiento, cada competencia acaba estructurándose en torno a niveles de capacitación, normalmente de tres a seis. Cada nivel describe de manera progresiva cada competencia en el trabajo.

1.5 Diseño de un estudio de competencias

Un estudio clásico de competencias incluye seis pasos típicos:

1) Definición por parte de un panel de expertos del criterio de eficiencia superior en el desempeño profesional de la tarea en estudio. Lo ideal en esta caso es la selección de criterios "hard" pertenecientes a medidas claramente identificables (ventas, beneficios, patentes, publicaciones)

2) Identificación de los grupos que servirán de ejemplo para establecer los diferentes niveles de cada competencia. Normalmente se identifican aquí tres grupos, uno de superestrellas, otro en la media y un tercero de pobres resultados.

3) Aplicación de un método de recolección de datos. En este caso existen diferentes métodos, en función del tipo de modelo de competencias a usar:

   a. Behavioral Event Interviews (BEI)

   b. 360º

   c. Sistemas expertos computerizados

   d. Análisis de tareas

   e. Observación directa

4) Análisis de los datos recolectados para identificar la personalidad y habilidades competenciales que definen una actuación superior a la media. Este proceso se define como generación de hipótesis, análisis temático o formación conceptual. Incluye la descripción de situaciones y conductas reales hechas por las personas entrevistadas.

5) Validación del modelo de competencias. Esto puede realizarse de diferentes maneras, siendo la más habitual la realización de una segunda serie de BEI con un nuevo grupo de personas para comprobar si las competencias detectadas efectivamente se relacionan con una actuación superior en la tarea.

6) Aplicación en los procesos de selección y contratación, planificación de carreras, valoración del desempeño, planificación de la sucesión, formación y desarrollo, remuneración.

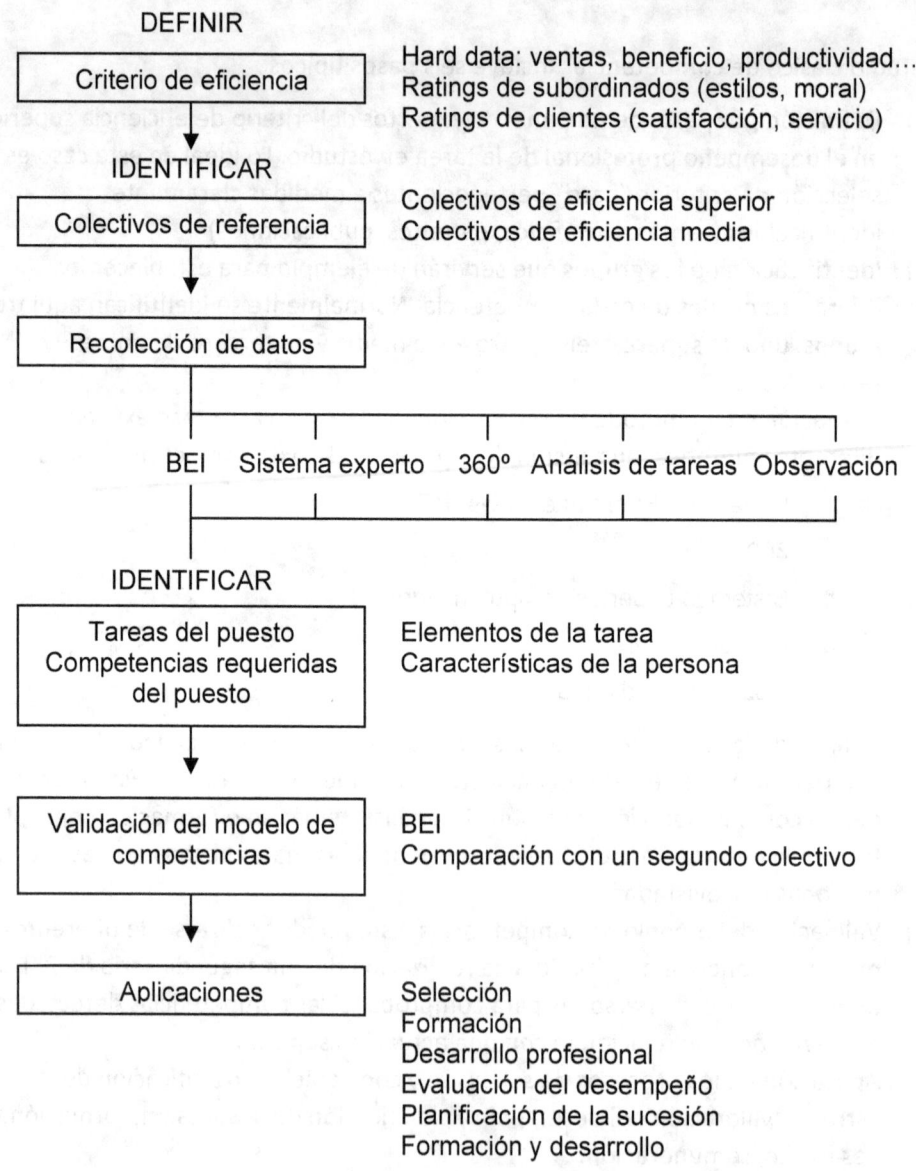

DEFINIR

| Criterio de eficiencia | Hard data: ventas, beneficio, productividad...
Ratings de subordinados (estilos, moral)
Ratings de clientes (satisfacción, servicio) |

IDENTIFICAR

| Colectivos de referencia | Colectivos de eficiencia superior
Colectivos de eficiencia media |

Recolección de datos

BEI   Sistema experto   360º   Análisis de tareas   Observación

IDENTIFICAR

| Tareas del puesto
Competencias requeridas
del puesto | Elementos de la tarea
Características de la persona |

| Validación del modelo de
competencias | BEI
Comparación con un segundo colectivo |

| Aplicaciones | Selección
Formación
Desarrollo profesional
Evaluación del desempeño
Planificación de la sucesión
Formación y desarrollo |

Ilustración 1-3: Job Competency Assestment Process (Spencer & Spencer, 1993)

1.6 El panel de expertos

Las competencias, como se infiere de su definición, no tienen una aplicación universal. Es decir, la gestión de una competencia sólo tiene sentido en función de un puesto de trabajo concreto en una empresa y entorno determinados.

Así, por ejemplo, aunque se puedan identificar una serie de competencias generales de un camarero, éstas se modificaran o se matizaran en función del entorno o la empresa en la que trabaje un camarero: no son idénticas competencias las que necesita un camarero de éxito en un hotel de cinco estrellas que las que requiere un camarero "modelo" en una terraza de verano en un local de costa.

Identificar una competencia consiste en poder referir y señalar en la realidad conductas concretas referentes a esa competencia, que den fe de ella. Sin embargo, esa identificación la hacen personas, por lo que siempre hay que tener en cuenta el papel de la subjetividad en ese análisis.

Uno de los métodos ideados para identificar competencias es el panel de expertos, cuyo objetivo es identificar las competencias requeridas para un puesto de trabajo concreto, y no las de una persona concreta.

Este método consiste en la reunión de una serie de profesionales competentes y conocedores de un puesto de trabajo concreto y de los requisitos para desempeñarlo de forma óptima. Mediante esta reunión, los participantes elaboran una lista consensuada de competencias en la que priorizan aquellas competencias que conducen a un desempeño superior en ese puesto de trabajo concreto, apoyándose en la experiencia, el conocimiento del puesto y de la empresa en cuestión.

1.7 El BEI

Un El BEI (Behavioral Event Interview) son una serie de entrevistas realizadas con un grupo de personas que forman la muestra representativa de "superestrellas". Estos colectivos han demostrado sistemáticamente unos resultados superiores en el criterio de eficiencia definido por el panel de expertos. El objetivo es llegar a definir una lista de incidentes críticos objetivamente observables que permitan identificar cada competencia. Originariamente el BEI desarrollado por McClelland (1976) está basado en el método de Flanagan del incidente crítico o CIT (Critical Incident Technique) (Flanagan, 1954) y el TAT (Thematic Apperception Test) de motivación.

El BEI consiste en pedir a cada sujeto que relate brevemente tres episodios exitosos y tres fallidos. El entrevistador realiza las siguientes preguntas:

1. ¿Qué produjo la situación?

2. ¿Quién estaba implicado?

3. ¿Qué pensó, sintió y quiso hacer para hacer frente a la situación?

4. ¿Qué es lo que realmente hizo?

5. ¿Qué sucedió?

6. ¿Cuál fue el resultado final del incidente, sus consecuencias?

De esta manera se consiguen datos de personas muy efectivas y se comparan con las transcripciones de personas poco efectivas, separando aquellas conductas que se daban en la muestra de rendimiento superior y no aparecen en la muestra de rendimiento medio.

1.8   Assessment Center

Obtenido el diccionario de competencias, (que incluye la definición de cada competencia, los incidentes críticos y los diferentes niveles de performance a observar), su aplicación a la organización y su conversión en un modelo de gestión por competencias completo, pasa forzosamente por evaluar a cada persona respecto de ese diccionario. El Assessment Center es una técnica que se utiliza para evaluar dichos recursos y potenciales.

Durante el assestment se utilizan varias técnicas de evaluación. La aplicación de este método se basa en la búsqueda del potencial de las personas y se utiliza principalmente en procesos de selección, promoción interna, evaluación, identificación de necesidades de formación, planes de carrera y desarrollo.

En grupos de entre 8 a 12 personas (lo más homogéneas posibles), psicólogos, consultores y técnicos especializados observan mediante diferentes técnicas de evaluación las competencias, conductas y aptitudes definidas en el diccionario.

Las pruebas pueden ser cuestionarios de personalidad, ejercicios de gestión, role-plays, dinámicas de grupo, business game, entrevistas personales, etc. y en ellas se evalúan habilidades como la planificación, habilidades directivas, gestión, negociación, etc..., de los candidatos.

En los assestments se utilizan diferentes tipos de actividades:

1) Actividades de contacto inicial: Están orientadas a "romper el hielo" entre los participantes y minimizar el grado de competencia entre ellos.

2) Ejercicios de análisis: Este ejercicio de desarrollo individual introduce al sujeto en una situación ficticia relacionada con el mundo real. Su tarea consiste en

analizar la información presentada y desarrollar una serie de decisiones que permiten valorar competencias como:

> Planificación y organización
>
> Análisis de problemas
>
> Atención al cliente
>
> Iniciativa
>
> Autonomía

3) Ejercicios In-basket: Este tipo de ejercicios permiten conocer el estilo y la calidad en la dirección de candidato. Es un ejercicio individual en que la persona debe adoptar el papel (rol) de un mando de otra compañía. De repente, se encuentra con que, en un tiempo límite, debe conocer los problemas más acuciantes y tomar una serie de decisiones que faciliten su solución. Se valoran aspectos como:

> Comunicación
>
> Desarrollo de subordinados
>
> Identificación de objetivos
>
> Compromiso con la organización

4) Actividades en grupo: Se evalúan en detalle los comportamientos y la adopción de roles de las personas en el grupo.

1.9 Cuestionarios estandarizados

Existen una serie de cuestionarios y pruebas en el mercado que pretenden medir los factores o variables que la literatura sobre Psicología de las Organizaciones ha documentado como mejores predictores del rendimiento en el contexto laboral. Entre todos podemos destacar los cuestionarios siguientes:

EPI ((Inventario de Personalidad de Eysenk, H.J. Eysenk y S.B.G. Eysenk, 1973)

PAPI (Inventario de Percepción y Preferencias, Kostick, 1977)

16 PF (16 factores de personalidad, R.B. Catell, 1984)

OPQ (Cuestionario de Personalidad Laboral, Saville y Holdsworth Ltd. 1984)

1.10 El futuro de la gestión por competencias

En estos momentos, muchas compañías están viendo en algunos modelos de gestión de competencias, instrumentos demasiado rígidos o demasiado limitativos en un contexto de rápido cambio y alta rotación de personal. Es necesario tener en cuenta no sólo lo que la persona es, sino de lo que es capaz. Las competencias sin motivos son recursos que no se utilizan; los motivos sin valores no son perdurables; y los valores sin competencias son sólo intenciones. Es imprescindible evaluar lo que un profesional valora, que es lo que le motiva y que es capaz de hacer. No se puede seguir atrayendo y reteniendo a los empleados a base de talonario.

Para desempeñar eficazmente un trabajo, un colaborador necesita tener, además de competencias, determinadas motivaciones y valores. Esto abre las puertas de nuevos enfoques como la "Gestión por valores" o la "Gestión del talento". Según el estudio El genoma del talento, elaborado por RBTechnology.net con Hewlett-Packard (HP), Cysco Systems y GE Capital como socios de investigación, "Un profesional despliega el talento adecuado cuando posee las competencias necesarias para desarrollar el trabajo, encuentra en el entorno y en el proyecto los motivos adecuados y percibe las consecuencias de su trabajo como algo valioso y deseable".

CAPÍTULO 2

COMPETENCIAS SOCIO-EMOCIONALES

El presente capítulo ha sido parcialmente editado con anterioridad en Cooplexity. Un modelo de colaboración en complejidad para la gestión en tiempos de incertidumbre y cambio (Zamora Enciso, 2009). Ver el capítulo 2 "Trabajo en Equipo".

2.1   La Inteligencia Emocional

Howard Gardner publica en 1983 "Frames of Mind" estableciendo por primera vez su teoría de la múltiples inteligencias. En una obra posterior las resume del siguiente modo (Gardner, 1993):

- Inteligencia Lingüística
- Inteligencia Lógico-matemática
- Inteligencia espacial
- Inteligencia Musical
- Inteligencia Físico-Kinestésica
- Inteligencia Interpersonal
- Inteligencia Intrapersonal

De las siete, nos interesan las dos últimas. Define como Inteligencia Interpersonal la habilidad de entender a los demás, de saber que les motiva, como trabajan, como trabajar cooperativamente con ellos. Es la capacidad de identificar en los demás el humor, el temperamento, las motivaciones, las intenciones. Permite leer las intenciones de los demás incluso cuando no se muestran.

La Inteligencia Intrapersonal hace referencia a los aspectos internos de una persona, a sus sentimientos, a sus emociones. La capacidad de discriminar entre esas emociones, entendiéndolas y guiando su propio comportamiento. Hace viable un buen modelo de uno mismo.

Ya con anterioridad otros autores relacionaban contenidos emocionales con el concepto de inteligencia. Edward Lee Thorndike introdujo el concepto de Inteligencia Social hacia los años 20 pero en aquel momento la definición del Coeficiente Intelectual y sus correspondientes test de medida acaparaban toda la atención.

Fue en 1990 cuando Peter Salovey y John D Mayer introducen el concepto de Inteligencia Emocional (Salovey & Mayer, 1990)[1] organizando la inteligencias personales de Gadner (interpersonal e intrapersonal) en cinco competencias principales:

- El conocimiento de las propias emociones
- La capacidad de controlar las emociones
- La capacidad de motivarse a uno mismo
- El conocimiento de las emociones ajenas
- El control de las relaciones

Pero no es hasta la aparición del libro Emotional Intelligence de Daniel Goleman cuando se populariza el término. En palabras de Goleman, "es en estas otras características a las que hemos dado en llamar inteligencia emocional, características como la capacidad de motivarnos a nosotros mismos, de perseverar en el empeño a pesar de las posibles frustraciones, de controlar los impulsos, de diferir las gratificaciones, de regular nuestros propios estados de ánimo, de evitar que la angustia interfiera con nuestras facultades racionales y, por último, pero no por ello menos importante, la capacidad de empatizar y confiar en los demás" (Goleman, 1996).

Tomando como base distintos marcos de competencias genéricas (MOSAIC, Spencer & Spencer, Boyatzis y Rosier), Goleman relaciona veinticinco competencias con cinco dimensiones de la inteligencia emocional (Goleman, 1998).

En la actualidad están siendo muy utilizados dos test del Consortium for Research on Emotional Intelligence in Organizations[2]. El Emotional Competency Inventory (ECI) creado en 1999, una variante del diccionario de Goleman, es una herramienta de 360 grados diseñada para evaluar las competencias emocionales y sociales de los individuos en las organizaciones:

Autoconciencia de uno mismo se refiere a conocer los propios estados internos, preferencias, recursos e intuiciones. El grupo del Autoconciencia contiene tres competencias:

- Conciencia Emocional: Reconocer las propias emociones y sus efectos.
- Auto-evaluación Precisa: Conocer las propias virtudes y límites.
- Auto-confianza: Un fuerte sentido de la autoestima y capacidades de uno mismo.

---

[1] Ver en http://baywood.metapress.com/openurl.asp?genre=article&id=doi:10.2190/DUGG-P24E-52WK-6CDG (consultado en abril de 2010)

[2] Ver en http://www.eiconsortium.org/measures/eci_360.html (consultado en abril de 2010)

Autogestión se refiere a la gestión de los estados internos, impulsos y recursos. El grupo de autogestión se divide en seis competencias:

- Autocontrol emocional: Mantener las emociones perturbadoras y los impulsos bajo control.
- Transparencia: El mantenimiento de la integridad, actuando en congruencia con los propios valores.
- Adaptabilidad: Flexibilidad en la gestión del cambio.
- Logro: Esforzarse por mejorar o cumplir con un estándar de excelencia.
- Iniciativa: Disposición para aprovechar las oportunidades.
- Optimismo: Persistencia en las metas de perseguir a pesar de los obstáculos y contratiempos.

Conciencia Social se refiere a cómo las personas manejan las relaciones y el conocimiento de los sentimientos de otros, sus necesidades y sus preocupaciones. El grupo Conciencia Social contiene tres competencias:

- Empatía: Percibir los sentimientos y perspectivas de los demás, y tener un interés activo en sus preocupaciones.
- Conciencia Organizacional: Leer las corrientes emocionales del grupo y sus relaciones de poder.
- Servicio de Orientación: Anticipar, reconocer, y responsabilizarse de las necesidades de los clientes.

Gestión de las relaciones se refiere a la habilidad o destreza para inducir las respuestas deseables en los demás. El grupo de gestión de relaciones contiene seis competencias:

- Desarrollo de Otros: Detección de las necesidades de desarrollo de los demás y refuerzo de sus habilidades.
- Liderazgo Inspirador: Inspirar y guiar a los individuos y a los grupos.
- Catalizador de Cambio: Iniciar o gestionar el cambio.
- Influencia: Ejercer tácticas eficaces para la persuasión.
- Manejo de conflictos: Negociar y resolver desacuerdos.
- Trabajo en Equipo y Colaboración: Trabajar con otros hacia metas compartidas. Creación de sinergias de grupo en la consecución de objetivos colectivos.

Una evolución del ECI creada en 2007, el Emotional and Social Competency Inventory (ESCI) se está convirtiendo de facto en el estándar de medición de las competencias socio-emocionales. El ESCI ofrece una manera de evaluar las fortalezas y debilidades de las personas, dándoles una información precisa y exacta centrada en las competencias que se quieren mejorar con el fin de cumplir con sus objetivos de desarrollo profesional (Boyatzis R. , 2007).

El ESCI mide 12 competencias organizadas en los mismos cuatro grupos:

Autoconciencia:

- Autoconciencia Emocional (Conciencia Emocional)

Autogestión:

- Autocontrol emocional
- Adaptabilidad
- Orientación al Logro (Logro)
- Iniciativa
- Perspectiva Positiva (Optimismo)

Conciencia Social

- Empatía
- Conciencia Organizacional

Gestión de las relaciones

- Coach and Mentor (Desarrollo de Otros)
- Liderazgo Inspirador
- Influencia
- Manejo de conflictos
- Trabajo en Equipo (Trabajo en Equipo y Colaboración)

2.2 Los equipos

2.2.1 Grupos y equipos

La primera particularidad que encontramos es el uso indistinto de los vocablos grupo y equipo. En la literatura encontramos este uso indistinto entre "grupo" y "equipo" referido en innumerables ocasiones al mismo concepto. La diferencia estriba más en el origen del uso que en el propio significado que cada autor le da. Así, el uso del vocablo grupo es utilizado con mayor profusión entre los investigadores y académicos al referirse a términos como "cohesión de grupo", "dinámica de grupos", "desarrollo de grupo", etc. Por el contrario equipo es más utilizado por aquellos autores ligados al comportamiento organizacional y al management en general, al referirse a "trabajo en equipo", "construcción de equipos", "efectividad de quipos", "equipos de alto rendimiento", etc.

2.2.2 Definición de equipo

Cuando un autor quiere diferenciar la noción más simple y general de grupo como agrupación, de otra más concreta de equipo, suele referirse al grado de cohesión entre sus miembros. Carron y Hausenblas definen a sus grupos de estudio como a "dos o más individuos con una identidad común, con objetivos y metas comunes, que comparten un mismo destino, que exhiben patrones de interacción y formas de comunicación estructuradas, tienen percepciones comunes acerca de la estructura del grupo, son personal e instrumentalmente interdependientes, tienen atracción interpersonal recíproca y se consideran a sí mismos como un grupo". (Carron & Hausenblas, 1998). Aparece pues, además de la cohesión, un segundo factor importante, el objetivo común. Una de las figuras más relevantes del Instituto Tavistock, Wilfred Ruprecht Bion, en su análisis de grupos y refiriéndose al objetivo común, acuñó el concepto de Grupo de Trabajo identificando de manera especial al objetivo perseguido por el grupo de realizar tareas específicas (Bion, 1991).

Una segunda definición de equipo es la aportada por Jon Katzenbach que lo define como un "pequeño número de personas con habilidades complementarias, comprometido con un propósito común, objetivos de rendimiento y enfoque, de lo que se consideran mutuamente responsables" (Katzenbach & Smith, 1992). En este caso al propósito común inherente a cualquier grupo se le añadiría otra nueva dimensión, la responsabilidad compartida.

En base al presente trabajo yo propongo la siguiente definición que tiene claros puntos de contacto con las anteriores:

"Un equipo es un pequeño número de personas interdependientes que se coordinan de forma espontánea y natural, con motivo de un proyecto común, gracias a un sentimiento de pertenencia resultado de un determinado nivel de cohesión, tomando decisiones en base a un conocimiento compartido"

2.2.3 Orígenes del concepto de trabajo en equipo

David Buchanan[3] nos relata los orígenes del concepto de trabajo en equipo (Buchanan, 2000). Los beneficios de una acción colectiva organizada han sido evidentes para cualquiera a lo largo de la historia, pero no es hasta el siglo XX que el trabajo en equipo atrae la atención como técnica de management. Los beneficios del trabajo en grupo fueron identificados en los años 20 por investigadores de la Industrial Fatigue Research Board (IFRB) para reducir el aburrimiento y aumentar los resultados. Los efectos del trabajo en la moral y en la productividad son elementos clave en los hallazgos de los estudios Hawthorne, (Whitehead, 1938) (Roethlisberger & Dickson, 1939).

---

[3] Relacionados con el tema del trabajo en equipo y con el nombre de David Buchanan podemos encontrar a varios autores. En este caso me refiero al profesor de comportamiento organizacional en la escuela de negocios De Montfort University (DMU), Leicester (http://www.dmu.ac.uk). No confundir por lo tanto con David Buchanan, también profesor de comportamiento organizacional pero en Cranfield University School of Management y coautor junto con Andrsej Huczynski de Organizational behaviour: an introductory text. Tampoco tiene que ser confundido con David Buchanan, profesor de gestión de recursos humanos en Loughborough University Business School y coautor junto con Diane Preston de Life in the Cell: Supervision and Teamwork in a Manufacturing Systems Engineering Enviroment.

A pesar de todo, el concepto contemporáneo de trabajo en equipo aparece en los años 50 como consecuencia del trabajo de los consultores del Tavistock Institute of Human Relations en Londres. Con posteridad se ha ido "redescubriendo" por diferentes autores hasta nuestros días entre los que cabe destacar los relacionados con el movimiento denominado Quality of Working Life (QWL) en los 60 y 70 y de entre ellos, Richard E. Walton quien en los 80 describe la diferencia entre "estrategia de control" y "estrategia de compromiso". La primera, orientada al control, aparece al principio del siglo XX en respuesta a la división del trabajo en pequeñas tareas fijas. El objetivo de este modelo tradicional es el establecimiento de un orden y el ejercicio de un control que aseguren la eficiencia.

Frederick W. Taylor fue el verdadero padre del modelo con su "management científico". La estrategia de compromiso aparece hacia 1980 de la mano de empresas como General Motors, General Foods o Procter & Gamble, demostrando el éxito de las políticas de cooperación con los sindicatos. En ella, los puestos de trabajo se diseñan de manera más amplia, combinando planificación e implementación para mejorar las operaciones y no solo mantenerlas. Las responsabilidades individuales cambian a medida que las condiciones del trabajo cambian y son con frecuencia los equipos, las unidades responsables de los resultados. Con estructuras jerárquicas relativamente planas y minimizando las diferencias de estatus, la coordinación y el control dependen de los objetivos compartidos y es la experiencia y el conocimiento, más que la posición formal, lo que determina la influencia.

Bajo la estrategia de compromiso, la expectativa de resultados es alta y sirve, no para definir estándares mínimos sino objetivos ambiciosos capaces de enfatizar la mejora continua y de reflejar las exigencias del mercado. En consonancia, las políticas de compensación reflejan menos las viejas fórmulas de evaluación del trabajo y más la importancia de los logros del grupo, el mayor alcance de la contribución individual y la importancia creciente de cuestiones como la equidad, el reparto de beneficios o la propiedad compartida (Walton, 1985).

2.2.4 Características del trabajo en equipo

Los alumnos que participaron en los cursos definieron en ocasiones al trabajo en equipo como la resultante de una serie de cualidades o capacidades entre las cuales y siempre según su visión, resumo:

El trabajo en equipo es:

- Implicación afectiva
- Iniciativas encadenadas
- Liderazgos compartidos
- Planificación participada
- Objetivo común
- Información compartida
- Cooperación desinteresada
- Coordinación de acciones

El trabajo en equipo no es:

- Puesta en común
- Suma de intereses
- Coordinación superficial
- Información cedida o intercambiada

El trabajo en equipo implica:

- Objetivo común
- Estrategia común
- Coordinación
- Comunicación
- Cooperación/voluntad de reparto de funciones
- Implicación
- Equilibrio entre el objetivo común y el individual

- Aprovechamiento de sinergias
- Búsqueda de sinergias
- Diversidad
- Visión más amplia

El trabajo en equipo contiene:

- Organización
- Buen ambiente
- Disciplina
- Planificación
- Confianza
- Comunicación
- Colaboración
- Cooperación
- Responsabilidad
- Honestidad
- Solidaridad
- Autocrítica
- Escucha
- Empatía
- Comprensión
- Aprendizaje
- Interdependencia
- Delegación
- Ilusión

2.2.5 La competencia Trabajo en Equipo

La definición de equipo empieza a hacerse tangible en el momento en que el trabajo en equipo se identifica como competencia y se establecen parámetros de medición.

Dentro del diccionario de competencias publicado por Spencer & Spencer (1993) se identifica el trabajo en equipo como una de las competencias genéricas definiéndola como una "genuina intención de trabajar cooperativamente con otros, ser parte de un equipo, como opuesto a trabajar separadamente o competitivamente" (p 61). La escala de medición fundamental sería la intensidad en el fomento del trabajo en equipo. Esta escala reza como sigue:

A.-1. No cooperativo. Disruptivo. Causa problemas.

A.0. Neutral. Pasivo, no participa o no es miembro de ningún equipo.

A.1. Coopera. Se muestra predispuesto a participar, apoya las decisiones del equipo, es un buen "jugador de equipo", comparte.

A.2. Comparte información. Mantiene a la gente informada y actualizada acerca del proceso del grupo, intercambia toda la información relevante o útil.

A.3. Expresa expectativas positivas. Expresa expectativas positivas sobre los demás Habla de los miembros del equipo en términos positivos. Muestra respeto hacia la inteligencia de los demás apelando a la razón.

A.4. Solicita inputs. Valora de manera genuina los inputs y la experiencia de los demás. Desea aprender de los otros (especialmente de los subordinados). Solicita ideas u opiniones para ayudar a la formación de planes o la toma de decisiones especiales. Invita a todos los miembros del grupo a contribuir al proceso.

A.5. Capacita a otros. Publicita las referencias de otros cuya actuación ha sido buena. Anima y capacita a otros, les hace sentir capaces e importantes.

A.6. Construye equipo. Actúa propiciando un clima amigable, buena moral y cooperación (une a las partes, crea símbolos de identidad del grupo). Protege y promueve la reputación del grupo frente a extraños.

A.7. Resuelve conflictos. Mantiene el conflicto dentro del grupo y anima o facilita una solución beneficiosa al conflicto (debe incluir acciones para resolver el conflicto, no para esconderlo o evitarlo).

A lo largo de mi actividad profesional he tenido ocasión de acceder a diccionarios de grandes empresas y multinacionales con diversas definiciones de la competencia de trabajo en equipo. Un ejemplo representativo puede ser el que me facilitó Red Eléctrica de España en 2003:

El Trabajo en Equipo y Cooperación implica la intención de cooperación y colaboración con otros, formar parte de un grupo, trabajar juntos, como opuesto a hacerlo individual o competitivamente. Para que esta competencia sea efectiva, la intención debe ser genuina. Puede considerarse siempre que el ocupante del puesto sea miembro de un grupo que funcione como un equipo. "Equipo" se define de forma amplia como un grupo de personas que trabaja en procesos, tareas u objetivos compartidos.

Esta persona:

1. **Coopera**. Participa de buen grado en el grupo, apoya las decisiones del mismo, es un "buen jugador de equipo", realiza la parte del trabajo que le corresponde. Como miembro de un equipo, mantiene a los demás miembros informados y al corriente de temas que les afecten (procesos, acciones individuales o acontecimientos). Comparte con ellos toda la información importante o útil.

2. **Expresa expectativas positivas del equipo**. Habla bien de los demás miembros del grupo, expresando expectativas positivas respecto a sus habilidades, aportaciones, etc. Demuestra respeto por la inteligencia de los demás al recurrir al razonamiento.

3. **Solicita opiniones al resto del grupo**. Valora sinceramente las ideas y experiencia de los demás, mantiene una actitud abierta a aprender de los otros (incluidos sus colaterales y personas a su cargo). Solicita opiniones e ideas de los demás a la hora de tomar decisiones específicas o hacer planes. Promueve la cooperación del equipo.

4. **Anima y motiva a los demás**. Reconoce públicamente el mérito de los miembros del grupo que han trabajado bien. Anima y capacita a los demás haciéndoles sentirse fuertes e importantes.

5. **Desarrolla el espíritu de equipo**. Actúa para desarrollar un ambiente de trabajo amistoso, un buen clima y espíritu de cooperación (celebra reuniones y crea símbolos de identidad en el grupo). Resuelve los conflictos que se puedan producir dentro del equipo. Defiende la identidad y buena reputación del grupo frente a terceros.

La pregunta clave es si la persona actúa para facilitar el funcionamiento del grupo del que es parte. Los indicadores de conducta en este caso serían:

a. Involucra a los demás en las cuestiones que pueden afectarles.
b. Asegura que los miembros del grupo contribuyan a un proceso.
c. Solicita la colaboración de los afectados por las actividades planeadas.
d. Reconoce el mérito de quienes han contribuido al éxito de un proyecto.
e. Muestra interés por tratar a la gente correcta y equitativamente.
f. Actúa para desarrollar un clima de trabajo en equipo y cooperación.
g. Crea símbolos de identidad en el grupo.
h. Utiliza las reuniones de grupo o las conversaciones para crear orgullo de unidad o inspirar a los demás.
i. Identifica y promueve soluciones que beneficien a todas las partes.

j. Trabaja para resolver conflictos o diferencias de opinión.

Actualmente, la gestión por competencias está muy extendida y no solo a nivel de organizaciones privadas sino también en organismos públicos. Dos ejemplos especialmente significativos por su calidad de desarrollo, los tenemos en el publicado por el departamento de Medio Ambiente del Gobierno de Canadá[4],

---

[4] Más información en Environment Canada http://www.on.ec.gc.ca/core-competencies/resourceguide-e.html (consultado en junio de 2009).

Grado	Comportamientos
1	**Comprendiendo el valor del trabajo en equipo.** Es capaz de explicar el valor del trabajo colaborativo. Tiene claro tanto su propio rol o el de los demás en el equipo como aquello que se debe aportar. Valora los beneficios y las sinergias producidos por comunicarse y trabajar cooperativamente. Apoya las decisiones del equipo. Es justo compartiendo el trabajo.
2	**Participando como miembro de un equipo.** Opera como un miembro del equipo. Participa plenamente compartiendo su conocimiento y pericia. Toma con gusto responsabilidades adicionales para conseguir los objetivos del equipo. Valora la aportación de otros. Mantiene a los demás miembros del equipo informados y actualizados. Aprende de los otros.
3	**Cohesionando a los demás.** Mantiene unidos al equipo a las personas clave, cuyas fortalezas ayudan a conseguir objetivos o resolver problemas. Tiene iniciativas y lidera en su área de expertise. Capitaliza las fortalezas individuales de los miembros del equipo. Trabaja para encontrar soluciones consensuadas. Encuentra medios para colaborar e intercambiar ideas. Ayuda a resolver los conflictos grupales.
4	**Aumentando la efectividad del equipo.** Anima a los miembros del equipo a contribuir. Mejora la cohesión. Reconoce a quien tiene una buena actuación. Protege y promueve la reputación del equipo. Identifica las debilidades y fortalezas del equipo y hace los ajustes necesarios. Comparte la responsabilidad de conseguir los objetivos del equipo. Crea un entorno que construye diversidad y apoya múltiples perspectivas.
5	**Asegurando el alineamiento.** Promueve el alineamiento de los objetivos del equipo y prioriza los valores, la misión y los objetivos de los departamentos y la organización. Apoya a la organización en su conjunto. Se asegura el compromiso de los demás en el equipo para conseguir los objetivos. Garantiza que los partenariados y las asociaciones adecuadas, se establezcan y mantengan.

o el publicado por el Centro Nacional de Evaluación para la Educación Superior, A.C. de México[5] como guía para los servicios de pruebas de evaluación que ofrece a escuelas, universidades, empresas, autoridades educativas, organizaciones de profesionales del país y otras instancias particulares y gubernamentales.

---

[5] Ver detalle en CENEVAL, Centro Nacional de Evaluación para la Educación Superior http://www.ceneval.edu.mx (consultado en octubre de 2008).

Área	Comportamientos
1. Ayuda a terceros	1. Participa activamente en el logro de las metas grupales. 2. Escucha de forma respetuosa los puntos de vista de sus colegas. 3. Ayuda a otros miembros del equipo que solicitan apoyo.
2. Intercambio de información	1. Mantiene a los miembros del equipo actualizados sobre la información relevante de su trabajo. 2. Aporta y solicita sugerencias a los miembros de los equipos en los que participa sobre la forma de solucionar problemas, lograr los objetivos establecidos y mejor los resultados. 3. Informa a sus compañeros de equipo acerca de situaciones que potencialmente pudieran afectarlos.
3.Integración al logro de objetivos	1. Se integra efectivamente en equipos de diferentes áreas o disciplinas. 2. Actúa considerando el impacto de su participación en el logro de los objetivos grupales,
4.Fomento de la colaboración en equipo	1. Promueve la cooperación entre los miembros de los equipos en los que participa. 2. Impulsa a otros a expresar sus opiniones y puntos de vista ante los demás miembros del equipo. 3. Se involucra con uno o más equipos, ejerciendo influencia por su conocimiento, criterio y/o experiencia.
5.Mantenimiento de armonía en el equipo	1. Enfrenta los desacuerdos y conflictos de forma abierta y honesta, busca soluciones y consensos que fortalezcan a los equipos en los que participa. 2. Facilita la relación con otros equipos resolviendo los conflictos de manera beneficiosa.
6. Cohesión y espíritu de equipo.	1. Genera símbolos de identidad y otras acciones para propiciar la cohesión del equipo. 2. Establece criterios y normas que facilitan la autodirección de los equipos. 3. Incluso en momentos críticos, con su actitud y sus palabras de aliento, mantiene motivados a los miembros de los equipos en los que participa. 4. Construye un sólido sentido de identidad, pertenencia y orgullo entre miembros de los equipos en los que participa.

Hay que destacar la coincidencia entre los diferentes comportamientos identificados como esenciales en el desarrollo del trabajo en equipo a lo largo de los años. Este hecho no debe extrañar ya que fue precisamente la base del estudio realizado por Boyatzis y Spencer y el factor que dio como consecuencia la aparición de las competencias genéricas.

2.3 "Teamwork Intelligence"

Desde una perspectiva compleja y multidimensional y aun aceptando la definición de la competencia genérica de Trabajo en Equipo y Cooperación, como una definición de las características que un individuo debe tener para facilitar la aparición del trabajo en equipo, tampoco sería cierto que debamos referirnos exclusivamente al foco de la cooperación. Como hemos visto en el modelo, en cada nivel hay un conjunto de factores que exigirían un trato equivalente. Por lo tanto sería más acertado referirnos a un conjunto de competencias capaces de cubrir los diferentes aspectos a tener en cuenta para facilitar la evolución que permita al grupo desarrollarse colaborativamente.

A partir de su experiencia internacional en consultoría de recursos humanos la consultora Hay Group, heredera de la escuela de David McClelland, concluye que las competencias capitales para el éxito en el trabajo se resumen en un conjunto de 20 competencias genéricas (Bethell-Fox, 1994).

a. Competencias de logro y acción:
   1. Motivación del logro: preocupación por trabajar bien o por competir para superar un estándar de excelencia.
   2. Preocupación por el orden y la calidad. Preocupación por disminuir la incertidumbre mediante controles y comprobaciones y el establecimiento de unos sistemas claros y ordenados.
   3. Iniciativa: predisposición para emprender acciones, mejorar resultados o crear oportunidades.
   4. Búsqueda de información: curiosidad y deseo por obtener información amplia y también concreta para llegar al fondo de los asuntos.
b. Competencias de ayuda y servicio:
   5. Sensibilidad interpersonal: capacidad para escuchar adecuadamente y para comprender y responder a pensamientos, sentimientos o intereses de los demás, sin que éstos las hayan expresado o las expresen sólo parcialmente.
   6. Orientación al servicio al cliente: deseo de ayudar o servir a los demás a base de averiguar sus necesidades y después satisfacerlas. Entre los clientes deben considerarse también los compañeros de trabajo dentro de la empresa u otras unidades de la organización.
c. Competencias de influencia:
   7. Impacto e Influencia: deseo de producir un impacto o efecto determinado sobre los demás, persuadirlos, convencerlos, influir en ellos o impresionarlos, con el fin de logar que sigan un plan o una línea de acción.
   8. Conocimiento organizativo: capacidad de comprender y utilizar la dinámica existente dentro de las organizaciones.

9. Construcciones de relaciones: capacidad para crear y mantener contactos amistosos con personas que sean o serán útiles para alcanzar las metas relacionadas con el trabajo.

d. Competencias gerenciales:

10. Desarrollo de personas: capacidad para emprender acciones eficaces para mejorar el talento y las capacidades de los demás.

11. Dirección: capacidad para comunicar a los demás qué es necesario hacer y lograr que cumplan los deseos de uno, teniendo en mente el bien de la organización a largo plazo.

12. Trabajo en equipo y cooperación: capacidad para trabajar y hacer que los demás trabajen, colaborando unos con otros.

13. Liderazgo de equipo: capacidad de desempeña el rol de líder de un grupo o equipo.

e. Competencias cognitivas:

14. Pensamiento analítico: capacidad de comprender las situaciones y resolver los problemas a base de desglosarlos en sus partes constituyentes y meditar sobre ellas de una forma lógica y sistemática.

15. Pensamiento conceptual: capacidad de identificar los modelos o conexiones entre situaciones y de identificar aspectos clave o subyacentes en situaciones complejas.

16. Expertise (conocimiento y experiencia): capacidad de utilizar y ampliar el conocimiento técnico o de conseguir que los demás adquieran conocimientos relacionados con el trabajo.

f. Competencias de eficacia personal:

17. Autocontrol: capacidad para mantener el control de uno mismo en situaciones estresantes o que provocan fuertes emociones.

18. Confianza en sí mismo: creencia en la capacidad de uno mismo para dirigir el enfoque adecuado para una tarea y llevarla a cabo, especialmente en situaciones difíciles que suponen un reto.

19. Flexibilidad: habilidad para adaptarse y trabajar eficazmente en distintas y variadas situaciones y con personas y grupos diversos.

20. Compromiso con la organización: capacidad y deseo de orientar su comportamiento en la dirección indicada por las necesidades, prioridades y objetivos de la organización.

Tomándolas como una base sólida, muchas de las estas competencias podrían ser consideradas parte de esa gran competencia de trabajo en equipo. Si consideramos este resumen como de los más solventes de la actualidad, podríamos adaptarlo para identificar aquellas que parecen necesarias para una correcta actuación según el modelo.

En mi opinión, también deberíamos modificar algunas competencias y en especial añadir otras que tocan aspectos quizás no cubiertos completamente por la lista actual. Propongo que la competencia Trabajo en equipo y Cooperación (12) quede redefinida como de Colaboración considerándose el trabajo en equipo como el resultante del conjunto del modelo. La competencia de Liderazgo (13) se renombraría a co-liderazgo incluyendo la capacidad para compartirlo.

De esta forma podríamos denominar de manera universal "Teamwork Intelligence" a un conjunto de competencias causalmente relacionadas con una actuación de trabajo en equipo exitosa.

De mis observaciones se derivaría el siguiente conjunto de competencias.

NIVEL	FACTOR	COMPETENCIAS
CONOCIMIENTO	Proactividad orientada a los resultados	Motivación por el logro (1) Iniciativa (3) Búsqueda de información (4)
	Proactividad orientada a las relaciones	Impacto e Influencia (7) Construcción de relaciones (9) Conocimientos y experiencia (16)
COHESIÓN	Integración del grupo	Sensibilidad interpersonal (5) Motivación (nueva) Integración (nueva)
	Generación de confianza	Cooperación (12) Implicación (nueva) Honestidad (nueva)
AUTO-COORDINACIÓN	Trato de igual a igual	Asertividad (nueva) Co-liderazgo (13) Pensamiento analítico (14)
	Criterio de actuación	Pensamiento conceptual (15) Planificación/Organización (nueva) Flexibilidad (19)

Tabla 2-1: Competencias del modelo de trabajo en equipo

Explicándose las nuevas competencias como sigue.

Motivación. Reconoce méritos propios y ajenos, incita y anima al equipo, valora las aportaciones de los demás. Es optimista y muestra pensamiento positivo. Se fija antes en los éxitos que en los fracasos.

Integración. Actúa de manera integrativa. Estimula la participación y la cooperación de aquellos miembros menos activos. Busca roles asumibles por personas potencialmente conflictivas para encajarlas en el equipo.

Implicación. Se entrega e implica emocionalmente. No se muestra indiferente. Comparte abierta y honestamente el objetivo común, considera el proyecto como propio. Se identifica con los valores del equipo. Participa de la satisfacción del grupo, sintiéndola como propia.

Honestidad. Manifiesta honestidad, transparencia e integridad en sus relaciones. Es razonable y justo. Respeta los pactos y los compromisos.

Asertividad, definida ésta como la habilidad personal que nos permite expresar sentimientos, opiniones y pensamientos, en el momento oportuno, de la forma adecuada y sin negar ni desconsiderar los derechos de los demás (Salmurri, 2004).

Planificación/Organización como la capacidad de prever o anticipar el curso de una acción, determinando las necesidades de recursos, administrarlos y coordinarlos convenientemente

CAPÍTULO 3

VISIÓN GLOBAL (SISTÉMICA)

3.1   Modelos mentales

En ocasiones me preguntan sobre la utilidad del Pensamiento Sistémico. En realidad, en este caso, la respuesta no podría estar más alejada de las expectativas del interlocutor. Desde el momento en que el análisis de sistemas trata de la complejidad, de las relaciones circulares, de los sistemas interrelacionados, etc. no es esperable una respuesta simple y directa. Probablemente la integración del Pensamiento sistémico es una de las experiencias más importantes que una persona puede tener desde el punto de vista intelectual y sin embargo es a la vez un conocimiento tremendamente inútil desde la pretensión de aplicabilidad inmediata.

Para poner un símil comprensible, imaginemos a una persona que durante unos años vive expatriada por motivos laborales, universitarios o de cualquier otra índole. Sin duda la experiencia de un nuevo país, una nueva ciudad, un nuevo idioma, una nueva cultura, tienen un impacto enorme en su modelo mental, en su manera de entender la vida. Los modelos mentales representan la visión que una persona tiene sobre el mundo, incluyendo el entendimiento explícito e implícito. Los modelos mentales son el contexto en el cual ver e interpretar el material nuevo, y determinan que información almacenada es relevante en una situación dada (Kim, 1993)[6] A partir de esa experiencia, esa persona a su regreso, encontrará todo un conjunto de cosas que de pronto carecen de significado y por el contrario, otras adquieren de pronto una importancia inexistente hasta el momento.

De igual forma, el Pensamiento Sistémico modifica nuestro modelo mental, la forma en cómo interpretamos la realidad y por ende nuestras decisiones posteriores y la manera como enfrentamos las situaciones. Sin duda podríamos hablar de muchos aspectos que tienen que ver con ese nuevo modelo mental. Yo quisiera resaltar los que a mi juicio son los tres principales.

Volviendo al concepto de "utilidad". Si por utilidad entendemos aplicabilidad inmediata y directa, definitivamente no nos encontramos ante una disciplina "práctica". Si por el

---

[6] Ver en Google Books (Consultado en abril de 2010).

contrario somos capaces de intuir la extraordinaria importancia que tiene tomar decisiones más adecuadas en el día a día, seremos capaces también de valorar su aportación. En palabras de Jay Weiss, Vicepresidente de Sagebrush Wireless Holdings "El Pensamiento Sistémico es un herramienta de increíble valor para entender entornos de negocio complejos y desarrollar las, en ocasiones, prácticas no convencionales capaces de propulsar los negocios hacia delante".

3.1.1 Linealidad versus circularidad, el modelo mental

La principal aportación de la Teoría de Sistemas, es sin duda el tratamiento que hace de la circularidad, de las interrelaciones entre los diversos elementos que forman un sistema, de la visión global necesaria para entender el funcionamiento de los conjuntos, para entender su dinámica. Esta visión de la realidad, esta visión del mundo, nos permite afrontar ciertas decisiones, con la suficiente cautela, como para no cometer errores derivados de un exceso de simplicidad. El hecho de que puedan existir relaciones causa-efecto aparentemente dominantes, no nos debe hacer olvidar la importancia de considerar los matices.

3.1.2 Absoluto versus relativo, la actitud mental

Como consecuencia lógica de la complejidad, nos encontramos con la certeza de que no existen decisiones óptimas absolutas, no existen análisis perfectos, no es posible la previsión total, en definitiva, no podemos esperar ni tan siquiera pretender un nivel de seguridad total. El resultado es la flexibilización de nuestros juicios, la permisividad ante otros modelos mentales, la apertura y aceptación de la diversidad. Ni que decir tiene el impacto que dicha actitud mental puede tener en nuestra capacidad de generar nuevas opciones, nuevas soluciones a los problemas, en nuestra capacidad de adaptación, de admisión de nuevos enfoques.

3.1.3 Comportamiento en el tiempo (BOT), la perspectiva mental

Derivada de la Teoría de Sistemas, la Dinámica de Sistemas nos permite entender el comportamiento en el tiempo de los sistemas. La comprensión de los bucles de realimentación, las demoras o la importancia de la información, por citar tres aspectos fácilmente comprensibles, nos permiten especular sobre el comportamiento probabilístico de las organizaciones humanas. Con frecuencia las cosas se explican más que por lo que son, por cómo han llegado a serlo. De igual forma se pueden modificar realidades a través de pequeños cambios incrementales (adaptaciones), en ocasiones de mayor impacto que las grandes revoluciones.

De manera paralela, nuestras decisiones deberán estar más relacionadas con las expectativas evolutivas de las situaciones que con las características concretas del momento en el que esa decisión se toma. Son decisiones más "templadas", más flexibles, más centradas en la adaptación a nuevas circunstancias que en la definición del momento.

3.2   Sistemas y complejidad

3.2.1 Definición de sistema

Un sistema es un conjunto de partes que interactúan unas con otras para funcionar como un todo. Sin embargo, un sistema es más que la suma de sus partes, es el producto de sus interacciones (Kauffman, 1980)[7].

Un sistema, es por lo tanto un conjunto de elementos interrelacionados e interdependientes que posee un sentido global propio y diferenciado. Su característica fundamental es la sinergia (el todo es mayor que la suma de las partes).

3.2.2 Pensamiento sistémico

El Pensamiento Sistémico (Systems Thinking) es un área de estudio que emerge como consecuencia de las llamadas conferencias Macy entre 1946 y 1953. Es una disciplina emergente, resultado de la inquietud interdisciplinar de un grupo de científicos provenientes de campos tan diversos como la biología, la antropología, la matemática, la psicología, la psiquiatría, etc. La figura más conocida es sin duda Karl Ludwig von Bertalanffy, biólogo austríaco que en 1950 publica en el British Journal for the Philosophy of Science, Vol 1, No. 2, "An Outline for General Systems Theory". Hoy en día se ha revelado como pieza clave para el estudio y la comprensión de la complejidad y el cambio y es de aplicación en campos como la ingeniería, la informática, la epidemiología, las ciencias de la información, la salud, la gestión de empresas o la gestión medioambiental.

3.2.3 Principios del Pensamiento Sistémico

Virginia Anderson y Lauren Johnson resumen los principios universales del pensamiento sistémico como marco para su teoría y práctica (Anderson & Johnson, 1997):

- **Big Picture.** El enfoque de sistemas ayuda a poder ver la globalidad (el bosque) a la vez que los elementos (árboles) (Senge, 1990). Cualquier situación o problema puede ser referido a un sistema mayor.

---

[7] Ésta definición repetida en innumerables trabajos, se atribuye en ocasiones y de manera errónea a Russell L. Ackoff indicándose incluso 1980 como año de referencia. Su verdadero autor, Drapper L. Kauffman la incluyó en un modesto libro (Systems One) que pretendía ser una introducción al pensamiento sistémico para las escuelas. Solo como anécdota diré que su valor de portada no era superior a los 10€ y actualmente en el mercado de segunda mano no baja de los 80€. A pesar de la existencia de libros más completos y profundos sobre teoría de sistemas y pensamiento sistémico, sigue siendo, casi 30 años después, una de las referencias más usadas en los seminarios de management. Existe un segundo libro (Systems Two) que originalmente fue escrito como segunda parte de un volumen común llamado Systems Thinking pero que el editor decidió separar para dar lugar a una colección (The Future Systems Series) que hasta donde yo conozco no tuvo continuidad.

- **Corto y largo plazo.** La orientación al corto plazo, la gestión de crisis permanentes, el enfoque a resultados inmediatos, puede poner en peligro la supervivencia a largo plazo. A pesar de que ciertamente haya ocasiones en las cuales debemos prestar una atención prioritaria a las decisiones inmediatas, no es menos cierto que un enfoque insistente en el corto plazo puede conllevar a la muerte de la organización.
- **Indicadores "soft".** El principio indica la existencia de más factores de los que se pueden ver. Los indicadores de negocio más conocidos como los KPI (key performance indicator) o los CSF (critical success factor) o incluso el Balanced Score Card pueden estar reflejando tan solo una parte de la situación.
- **El propio sistema es la causa.** Este principio establece que nosotros mismos contribuimos a la aparición de nuestros propios problemas. En ocasiones será nuestra fortaleza la que provoca la debilidad, nuestra especialización la que genera nuestra carencia, nuestra riqueza histórica la que será la causa de nuestras limitaciones, nuestro conocimiento será el origen de nuestra ignorancia. Las relaciones causa-efecto dejan de tener sentido como tales y todo puede ser causa y efecto al mismo tiempo.
- **Tiempo y espacio.** Las relaciones causa-efecto no son sólo directas, ni tienen por qué estar cercanas en el tiempo ni en el espacio. Muchos de los problemas de hoy en día están relacionados o son consecuencia de las soluciones del pasado (Senge, 1990).
- **Sistema versus síntoma.** Un problema no puede ser resuelto sin entender el sistema que genera ese problema. Algunas herramientas como el Diagrama de Kaoru Ishikawa (Ishikawa, 1994), más conocido como Diagrama de Pez, nos permiten analizar las raíces de los problemas ahondando en sus causas profundas.
- **Multicausalidad.** Frecuentemente existe una multiplicidad de causas para un problema o situación dada. Este principio choca de manera especial con la cultura de la "receta" o solución única que prevalece en una buena parte de nuestra sociedad. Un problema con múltiples causas debe ser tratado con criterios discriminantes entendiendo el problema en su conjunto.

3.2.4 Sistemas simples y complejos

Podríamos decir que un sistema es complejo en función de la cantidad de información necesaria para describirlo, la posibilidad de predecir algún suceso o la prescripción del comportamiento del propio sistema (Gell-Mann, 1995). La diferencia fundamental entre un sistema simple y un sistema complejo se basa pues en su riqueza de comportamientos.

El bosque mediterráneo, incluso reconociendo su variedad y riqueza, necesita mucha menos información para ser descrito que la selva amazónica. El sistema complejo, tiene una mayor variabilidad de posibles comportamientos y a la vez una menor previsibilidad de los mismos. Es más difícil de gestionar y se tiende a simplificar para hacerlo más manejable, cuando lo adecuado es gestionar la complejidad para no perder riqueza.

Gomez y Probst definen los diferentes tipos de problemas (Gomez & Probst, 1999):

> Problemas simples: pocas variables con pocas interrelaciones entre ellas (simple no es necesariamente lo mismo que fácil).

> Problemas complicados: muchas variables con un número relativamente alto de relaciones cruzadas. Estructuras estables con pocos comportamientos dinámicos (Investigación operativa).

> Problemas complejos: problemas complicados en los que las interacciones entre las variables cambian a lo largo del tiempo (sistemas dinámicos).

En un sistema complejo se puede entender el todo a pesar de no entender los detalles. En un sistema complicado no se pueden inferir comportamientos generales (el todo) a pesar de entender los detalles (McMaster, 1996).

Veamos algunas de las características de los sistemas complejos.

- **Gran número de elementos interactuantes**. Un sistema complejo tiene un gran número de elementos interrelacionados e interdependientes.
- **Las relaciones son no lineales.** En un sistema lineal, una causa tiene solo un efecto.

  En un sistema no lineal una causa puede tener diferentes efectos y viceversa. Las interacciones son tan complejas que las relaciones directas entre causa y efecto desaparecen. Las relaciones causa-efecto dejan de tener sentido como tales y todo puede ser causa y efecto al mismo tiempo (aunque retrospectivamente puedan llegar a parecer relaciones directas).

  La Teoría de la Complejidad nos muestra que los sistemas complejos pueden dar lugar a comportamientos emergentes como consecuencia de no linealidades. El tamaño de la causa no está relacionado con el tamaño del efecto. Se crea un factor multiplicador que hace que pequeñas intervenciones o modificaciones del sistema, puedan producir grandes resultados y viceversa. La empresa a través de sus departamentos o sus grupos de trabajo y junto con el entorno, se convierte en un sistema interactuante con múltiples relaciones entre ellos donde causas pequeñas pueden tener efectos grandes y viceversa.

- **Las relaciones no son proporcionales.** Las relaciones no son proporcionales, pequeñas causas pueden tener grandes efectos y viceversa. Un sistema no lineal, no varía ligeramente con los inputs: el resultado es impredecible.
- **Las relaciones contienen bucles de Feedback.** Definimos feedback como el conjunto de outputs de información del sistema que cuando se incorporan

como inputs en él, son capaces de modificarlo. Este concepto es fundamental para que el sistema sea adaptativo. Los bucles de feedback pueden ser positivos si amplifican el comportamiento del sistema introduciendo cambios o negativos si los reducen para mantener su estabilidad.

- **Los sistemas complejos son abiertos.** Un sistema abierto, se comunica e interactúa con el entorno. Es aparentemente más inestable aunque en realidad está captando "orden" de ese entorno a través del intercambio, la mejora de la flexibilidad y la evolución adaptativa. Un sistema cerrado puede parecer más estable y controlado, cuando en realidad tiende a la sobreprotección, al anquilosamiento y finalmente a la desconexión del entorno.

Un sistema abierto tiene bucles efectivos de feedback mientras que un sistema cerrado no tiene bucles de feedback. Una organización se adaptará mejor o peor a los cambios del entorno, en función de la cantidad de subsistemas que funcionen como sistemas adaptativos. Si únicamente funciona dentro de este modelo, por ejemplo, la dirección general, la empresa nunca podrá superar las resistencias internas y adaptarse de modo global. Una organización así, sería desplazada por un competidor que funcionase mayoritariamente con el modelo complejo adaptativo. En el entorno en que nos estamos moviendo actualmente, y en el que nos vamos a seguir moviendo en el futuro. Una empresa que se organice alrededor del esquema mecánico, no podrá competir con una que lo haga alrededor del esquema sistémico y adaptativo.

3.2.5 Sistemas Complejos Adaptativos (CAS)

Sistema adaptativo es aquel que tiene capacidad de evolucionar, adaptándose a su entorno como si de un organismo vivo se tratara. Los grupos son sistemas complejos adaptativos y muchas de sus funciones tienen relaciones no lineales, recursivas y sistémicas. Desde esta óptica, un grupo podría ser definido como un conjunto de relaciones adaptativas, dinámicas, coordinadas y limitadas entre miembros, tareas y herramientas (Arrow, McGrath, & Berdahl, 2000). Un grupo será un sistema si:

- Sus miembros se consideran miembros del grupo
- Se reconocen y distinguen de los no miembros
- Se sienten conectados con los otros miembros y con el proyecto
- Coordinan sus comportamientos en la búsqueda de los proyectos colectivos
- Coordinan el uso compartido de herramientas, conocimiento y otros recursos
- Comparten los resultados (costes y beneficios)

La demora de un sistema es el tiempo transcurrido entre que se produce la actuación o la intervención en el sistema y su resultado. Como no es posible construir sistemas complejos sin demoras, hay que intentar disminuir la demora en lo posible y tener clara su existencia, de manera que no juzguemos anticipadamente las medidas como incorrectas si no ha pasado suficiente tiempo. En este sentido deberemos anticiparnos a los acontecimientos en la aplicación de medidas necesarias para la organización, con el fin de reducir el impacto del tiempo de demora.

3.2.6 Teoría de la Complejidad

La Teoría contemporánea de la Complejidad (y las solapadas pero separadas Teorías del Caos y la Auto-organización) se centran en el interés por los sistemas complejos adaptativos. La adaptación compleja se caracteriza no solo por el alto grado de interacción entre las partes componentes sino también por la manera en cómo son esas interacciones, cómo se organizan, cómo generan resultados no lineales. Si los sistemas lineales son predecibles, los sistemas complejos se caracterizan por la aparición de patrones de comportamiento emergentes. La emergencia hace referencia al proceso según el cual aparecen estructuras a nivel global consecuencia de los procesos interactivos a nivel local. Pero los teóricos de la complejidad se centran no solo en las interacciones locales sino en las interacciones basadas en reglas relativamente simples[8]. La emergencia implica novedad en el sentido de aparición de nuevos patrones y no es predecible en la medida en que no podemos anticipar el estado futuro de un sistema de las condiciones iníciales (Mihata, 1997).

Tal como nos indica en su tesis doctoral Agustí Canals Parera (Canals, 2005), existen diferentes aproximaciones al estudio de los sistemas complejos. McKelvey (citado por Canals, 2005) por ejemplo, propone una distinción entre las dos principales escuelas, la Europea y la Americana. La europea se centra fundamentalmente en las ciencias físicas y estaría representada sobre todo por Ilya Prigogine o Klaus Mainzer. La americana, principalmente representada por el Instituto de Santa Fe se centra más en las ciencias sociales y estaría a su vez representada por Stuart Kauffman o Murray Gell-Mann (véase The Quark and the Jaguar y What is Complexity?)[9].

En términos de grupos, al considerarlos como complejos, equivale a considerar el número y la variedad de regularidades identificables en la estructura del comportamiento del grupo, hasta cierto nivel de detalle, lo cual tiene ciertas implicaciones (Arrow, McGrath, & Berdahl, 2000):

1. La estructura y comportamiento de los grupos incluye a la vez regularidades (que contribuyen a la complejidad) y elementos azarosos.

---

[8] En este sentido, recomiendo acceder a ICOSYSTEM http://www.icosystem.com/game.htm para probar el famoso juego de Icosystem. En él, se aprecia como un simple cambio de reglas, siendo éstas a su vez muy simples, tiene como efecto un comportamiento de los agentes radicalmente opuesto. (Consultado en junio de 2009)

[9] Disponible on-line a través del Instituto de Santa Fe en http://www.santafe.edu/~mgm/Site/Publications_files/MGM%20116.pdf (Consultado en junio de 2009)

2. El comportamiento del grupo incluye interacciones al menos a tres niveles: elementos constituyentes del grupo, el grupo como entidad y el contexto en el cual el grupo se encuentra.
3. La estructura y el comportamiento de los grupos cambia a lo largo del tiempo comportando patrones temporales de desarrollo.
4. En la medida que los grupos cambian en el tiempo, tienden a ser más complejos lo que significa que prolifera el número y la variedad de las regularidades en la estructura.

CAPÍTULO 4

JUEGO Y SIMULACIÓN

Este capítulo ha sido previamente publicado en su totalidad en la 32nd Annual Conference of ISAGA (International Simulation and Gaming Association) (Zamora Enciso, 2001).

4.1 Introducción

Desde que Peter Senge escribiera "La Quinta Disciplina" en 1990 y ayudara a la divulgación del concepto de sistema, su aplicación a los sistemas sociales se ha ido haciendo cada vez más clara y evidente. En un mundo de complejidad creciente, en constante cambio y cada vez más interrelacionado, sería imposible una aproximación parcial, simple o unidisciplinar para intentar su comprensión y manejo. Por su parte, el profesor Forrester del MIT, ya introdujo en 1961 los conceptos de dinámica de sistemas aplicados a la modelización. Herramientas informáticas desarrolladas desde entonces nos facilitan la creación de estos modelos causales.

Las nuevas disciplinas de formación basadas en el juego y la simulación (Gaming /Simulation), son capaces de aprovechar dramáticamente la creación de modelos explicativos (System Dynamics), basados en concepciones sistémicas de la realidad social y económica (Systems Thinking), aprovechando toda la potencia de las nuevas tecnologías para el desarrollo de simuladores (Business Simulators), capaces de ser utilizados en dinámicas de formación superior, tanto en las universidades como en las organizaciones. El resultado es un aprendizaje vivencial que aunando cognición y emoción permite al participante comprender e integrar contextos dinámicos y complejos.

4.2 El marco de referencia

Varios factores están contribuyendo al aumento de la complejidad del entorno en el que vivimos. Por una parte los procesos de globalización proyectan más allá de nuestro entorno inmediato y fácilmente controlable aspectos clave que afectan a nuestra operatividad. Por otra parte las tecnologías de la información mejoran la accesibilidad y la comunicación entre los diferentes agentes económicos contribuyendo a un aumento de las velocidades de acción y reacción.

Estos procesos tienen un peso específico cada vez mayor, favoreciendo la interrelación y la interconexión de factores y agentes económicos. La dificultad de prever su comportamiento y la profundidad de su impacto, genera una gran incertidumbre en el entorno de todas las organizaciones.

Las organizaciones que trabajan en circunstancias de cambio rápido y profundo necesitan tener una gran capacidad para cambiar internamente. Ello requiere la habilidad y la flexibilidad para ajustar continuamente la organización interna adaptándose a las condiciones externas. (Branderburger & Nalebuff, 1995).

Las personas por su parte, tomadas de manera aislada, tienen una capacidad de comprensión insuficiente para actuar en este mundo global y complejo. Se hace necesario contar con equipos suficientemente capaces, comprometidos y autoorganizados como para reaccionar rápidamente a nivel local dentro de una estrategia global. El posicionamiento estratégico bajo circunstancias turbulentas (caóticas) requiere, primera y principalmente un equipo libre de prejuicios con una actitud positiva hacia el cambio basada en el compromiso (Chan & Mauborgne, 1997).

De cara al futuro, adquiere cada vez mayor importancia la capacidad de aprender dinámicamente tanto a nivel individual como a nivel de la organización para poder aplicar los cambios necesarios que permitan la adaptación al entorno. Se hacen necesarios instrumentos capaces de reflejar sistemas complejos reales altamente interrelacionados, de manera comprensible y de facilitar la rápida integración de la información. Estos conocimientos integrados por grupos auto-organizados permitirán reacciones adaptativas rápidas.

Las nuevas disciplinas centradas en el juego y la simulación tienen la capacidad de permitir ese aprendizaje a través de una vivencia que facilita la comprensión e integración de los sistemas complejos. Por otra parte el uso cada vez más frecuente de los ordenadores en la representación de modelos, permite al participante centrarse en el manejo de los conceptos relegando los cálculos y la mecánica al simulador.

En el presente artículo veremos como el aprendizaje experiencial que permite el juego /simulación favorece el cambio de esquemas mentales necesario para el aprendizaje y la evolución de la organización. Ello unido a la potencia de los simuladores hace del juego /simulación una herramienta única para entender las realidades sistémicas, complejas y dinámicas.

4.3   Un entorno de complejidad creciente

Cuando nos enfrentamos a un entorno complejo, puede ser útil considerar un simple aunque poderoso diagrama desarrollado por Bob Armstrong. Este gráfico crea cuatro cuadrantes usando cuatro conceptos continuos:

- Racional /Intuitivo
- Calibrado /No-calibrado (Cuantitativo /Cualitativo)
- Pocas variables /Muchas variables
- Un decisor /Muchos decisores

Obviamente cualquier agente social preferirá trabajar en el cuadrante I aunque normalmente estará situado en los cuadrantes II y III. Cuanto mayor sea el grado de complejidad del entorno y mayores las interrelaciones, más nos acercaremos al cuadrante IV donde ya no será posible la aplicación de políticas simples, lineales o centradas en el manejo de los elementos de forma individual. Por el contrario cobrarán importancia los conceptos que gobiernan los sistemas, "las señales débiles" tomadas como indicadores y el manejo de las propias relaciones.

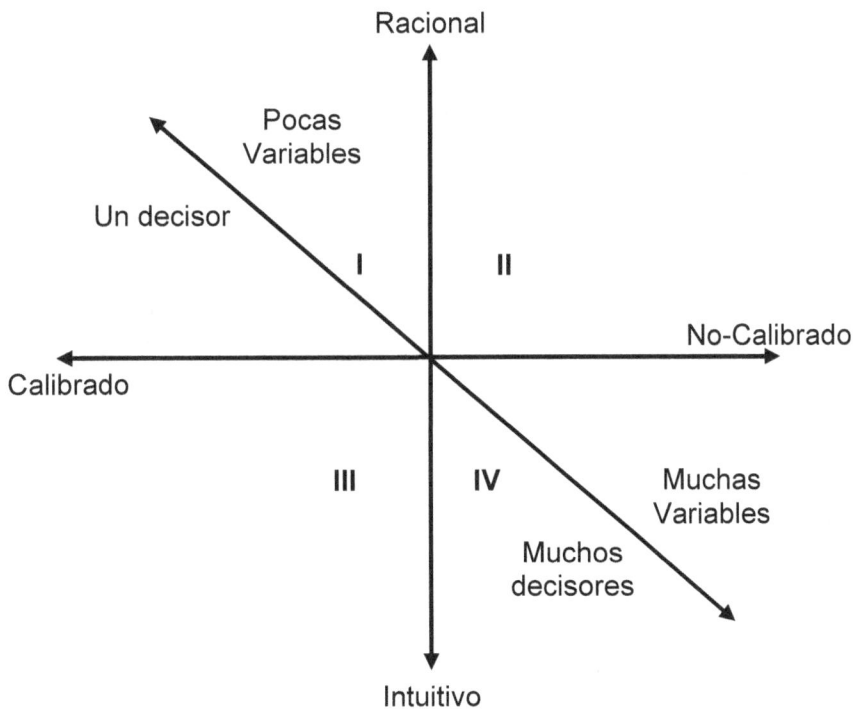

Ilustración 4-1: Diagrama de Armstrong/Hobson

4.4   Entendiendo el entorno complejo

El concepto de juegos /simulaciones reúne conocimientos de varias disciplinas científicas e intenta hacer comprensibles estas realidades complejas. El juego /simulación ayuda a comprender contextos dinámicos complejos y, por esta razón, es ideal en la formación para adquirir competencias sistémicas. Permiten romper las formas sociales de organización, rígidas, rigurosamente jerárquicas, constituyendo grupos responsables de sí mismos, permiten desarrollar la flexibilidad, el diálogo y la creatividad, enfatizan la iniciativa personal, favoreciendo la auto organización de los grupos y los modelos de comunicación basados en la competencia de sistemas (Kriz & Rizzi, 1998).

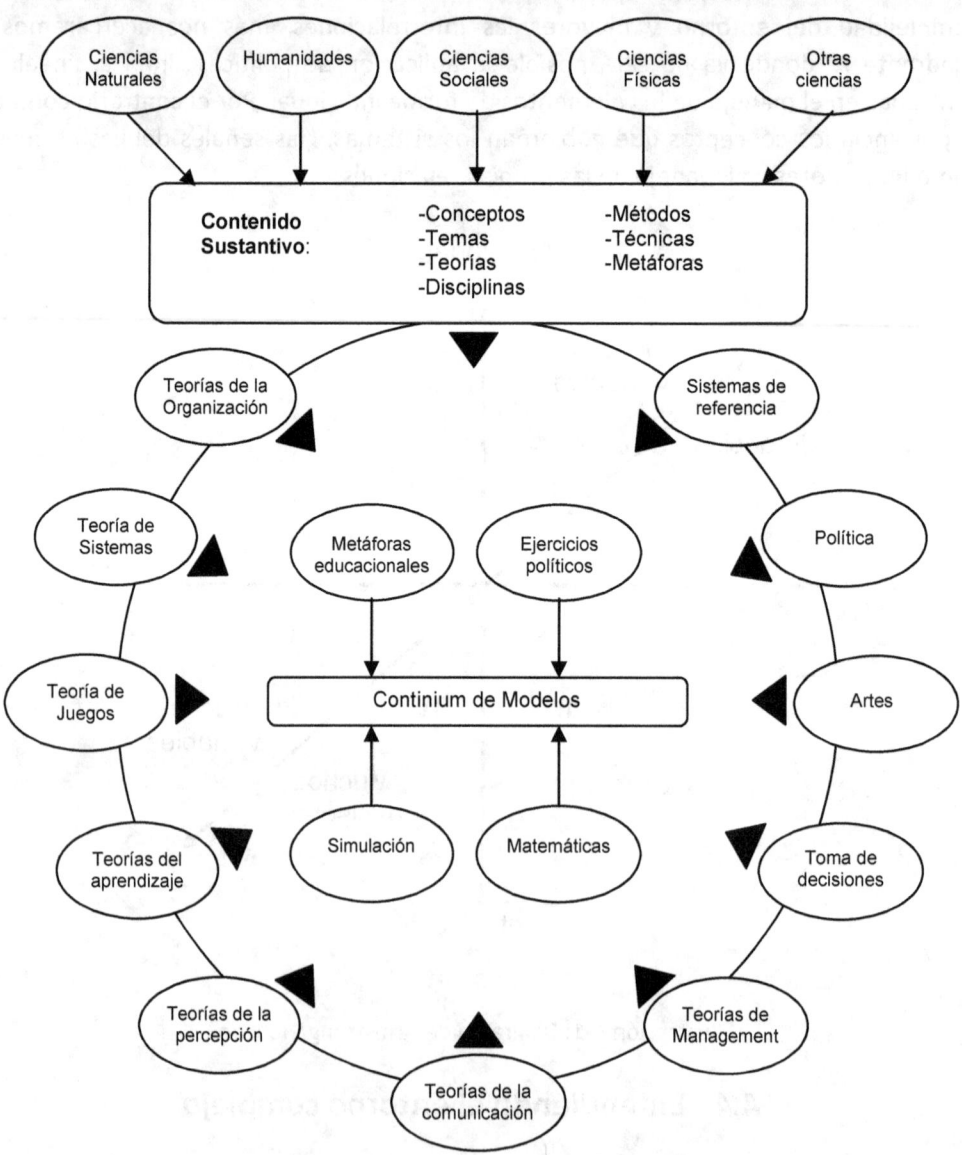

Ilustración 4-2: Paradigma de los "Juegos Serios" (Duke, 1998)

A lo largo de la historia, muchos son los estudios que han demostrado la idoneidad de la disciplina de los juegos /simuladores en la comprensión de los sistemas. En su investigación para la tesis de doctorado, Willy Kriz analiza a 125 personas sirviéndose de una serie de pruebas destinadas a averiguar los conocimientos, la personalidad, los intereses, los estilos de interacción, etc. Unos meses antes, parte de estas personas habían participado en un programa destinado a la formación para la competencia de sistemas que se basaba en la simulación y el juego. La diferencia entre unos y otros consistió en que los primeros afrontaron mejor el riesgo y las situaciones dudosas, promovieron un uso más sostenible de los recursos, crearon unas estructuras de comunicación y unos grupos de trabajo más eficientes, se interesaron más por el propio desarrollo del grupo y por las relaciones de cooperación entre sus miembros, propusieron una discusión, una definición de los papeles y un reparto del trabajo más detallados; finalmente, unas soluciones para mejorar el proceso en su conjunto.

4.5 Los juegos y simulaciones

Definimos la simulación como una "representación parcial de la realidad, que selecciona características cruciales de una situación real y hace una réplica de ellas dentro de un entorno esencialmente libre de riesgo permitiendo a los participantes desarrollar sus estrategias para resolver un determinado desafío" (Saunders & Powell, 1998).

Definimos juego/simulación como "una actividad que trabaja, total o parcialmente, sobre las bases de las decisiones de los jugadores. La simulación es un modelo operativo que trae consigo la abstracción y la representación de un sistema más grande" (Tsuchiya & Tsuchiya, 1999).

Así pues distinguimos entre la simulación como ejercicio de representación y el juego/simulación como una actividad humana y relacional que toma como instrumento dicha simulación. Esta sutil diferencia es de especial relevancia cuanto que los juegos/simulaciones crean un nuevo modelo mental compartido.

Al hablar de juegos/simulaciones podemos identificar tres componentes esenciales:

1) un modelo operativo de base
2) actividad humana
3) representación a escala de la realidad.
   En contraste, el juego puro no tiene representación y la simulación pura no tiene actividad humana en el modelo operativo

Fruto de esa actividad humana es el intercambio y modificación de los modelos mentales de los individuos. Los profesores Tsuchiya & Tsuchiya indican al respecto:

¿Cómo puede el juego o la simulación cambiar los modelos mentales que nos gobiernan y crear un modelo mental compartido más allá de los distintos valores, intereses y visiones del mundo de los participantes? Los mecanismos son los siguientes:

- **Aprendizaje Voluntario.** Cuando nos fuerzan aprendemos poco, porque nos resistimos a aceptar nada nuevo en los modelos mentales que nos gobiernan. Los elementos divertidos de la simulación y el juego nos animan a participar en un entorno de aprendizaje experiencial, en un mundo simulado y a aprender voluntariamente.

- **Creación de Desorden.** El primer paso en el cambio de actitudes, creencias y supuestos es permitir a los participantes que duden de la validez de los modelos mentales que les gobiernan (Festinger, 1962). El conflicto y el desorden creado por el juego/simulación provocan la duda en sus mentes y reduce la resistencia al cambio.

- **Big Picture.** Lo esquemático permite a los participantes compartir un punto de vista holístico del tema. Esto contrarresta las estrechas perspectivas que derivan de la especialización, y provee un modelo para retener detalles. Cuando se entiende, los modelos mentales individuales de los participantes crecen. Como consecuencia, la compatibilidad de sus modelos mentales se incrementa y la creación de modelos mentales compartidos se hace posible.

- **Compresión.** La compresión de tiempo y espacio hace que el aprendizaje experiencial sea posible y acelera el proceso de aprendizaje. El juego/simulación permite a los participantes tener una experiencia de los resultados de sus decisiones y acciones en un corto periodo de tiempo. En el mundo real tenemos menos oportunidades para aprender de la experiencia, principalmente porque los resultados de nuestras decisiones y acciones están, a menudo, más allá de nuestros horizontes de aprendizaje. Además, los procesos de aprendizaje acelerados facilitan un aprendizaje más sólido. Los individuos rara vez nos damos cuenta de que ciertos problemas solo pueden ser corregidos alterando los modelos mentales que nos gobiernan. Sin embargo, cuando encontramos este emparejamiento incorrecto, nuestros modelos mentales quedan afectados y alterados, aunque el cambio sea imperceptiblemente pequeño. El juego/simulación permite a los participantes experimentar muchos ciclos y por tanto, la acumulación de estos pequeños cambios hace que sean visibles, resultando un mayor aprendizaje.

- **Entorno sin Riesgo.** El Juego/simulación permite a los participantes experimentar con nuevas políticas, estrategias y aptitudes de aprendizaje, sin riesgo. Las acciones que en el mundo real no son reversibles. Así, el entorno sin riesgo que provee el juego/simulación expande la variedad de experiencias que aportan sentido a los participantes.

- **Experiencia Compartida.** A través de la experiencia compartida en el juego/simulación, los modelos mentales individuales de los participantes convergen y como resultado de ello, se incrementa la conmensurabilidad, que es esencial para la creación de un modelo mental compartido.

- **Rica interpretación de la historia.** Nuestra comprensión de la experiencia del pasado o "historia" a través del juego/simulación, nos permite aprender de pequeños episodios del mundo real. Las pequeñas piezas de la experiencia se usan para construir una teoría de la historia, desde la que se generan una variedad de escenarios adicionales no realizados, pero posibles. La interpretación rica de la historia facilita el aprendizaje experiencial.
- **Mapas Causales.** La incertidumbre y la ambigüedad en el mundo real obstaculizan el aprendizaje experiencial porque hacen difícil encontrar significados o explicaciones. Los mapas causales desarrollados a través de la participación en el juego/simulación ayudan a los participantes a interpretar y proyectar, dando sentido a la experiencia.

4.6 Organizaciones que aprenden

Michael Polanyi (1967) clasificó el conocimiento humano en dos categorías: el conocimiento tácito y el explícito. El conocimiento tácito es aquél que difícilmente puede expresarse con algún tipo de lenguaje. El conocimiento explícito hace referencia al conocimiento que puede ser expresado por palabras, dibujos u otro tipo de mecanismo articulado.

La fuente original del conocimiento organizacional es el conocimiento tácito de los miembros individuales. Sin embargo, el conocimiento organizacional no es una simple acumulación de conocimiento individual. El conocimiento de los miembros individuales necesita ser compartido y legitimado antes de que se convierta en conocimiento organizacional (Tsuchiya S. , 1993)

La única manera de reformar entornos interpretativos es creando conocimiento nuevo libre de las restricciones de los conocimientos existentes, llevando a cabo nuevas acciones y decisiones basadas en el nuevo conocimiento e interpretando sus resultados (Tsuchiya, 1996).

A través de los juegos /simulaciones los miembros de las organizaciones pueden generar metáforas tales como palabras, datos, gráficos e imágenes. Estas metáforas hacen posible la creación de conocimiento, libre de las restricciones de los entornos interpretativos existentes. El nuevo conocimiento cambia las decisiones y las acciones de los miembros y, a través de la interpretación de los resultados de las nuevas acciones y decisiones, desarrollan los nuevos entornos interpretativos.

Estos nuevos entornos interpretativos tienen la cualidad de haber sido generados por los participantes a través de un proceso natural y fluido por lo que son automáticamente integrados y legitimados como válidos. Los juegos /simulaciones permiten legitimar el conocimiento proveyéndolo de los procesos que son necesarios, porque la legitimidad depende a menudo de lo apropiado de los procesos más que de los resultados (March & Olsen, 1998) a la vez que permiten crear mapas causales nuevos. Un mapa causal es un resumen de las suposiciones que la gente hace acerca de una estructura (Weick, 1979). El nuevo entorno interpretativo adquiere con el mapa causal racionalidad y fundamento consolidando su validación.

La modificación de los modelos mentales tiene especial relevancia para el aprendizaje ya que posibilita lo que se denomina aprendizaje de nivel 2 o de bucle doble (double loop) frente al aprendizaje técnico, de nivel 1 o de bucle simple (single loop). En el bucle simple se varía la actuación en función del análisis del resultado de nuestras acciones. Modificamos la manera de hacer, trabajando los contenidos dentro de nuestro esquema gobernante, reforzándolo. Sin embargo, en el doble bucle, es la propia manera de pensar la que se modifica, es el modo de hacer las cosas. Para poner un ejemplo, en el bucle simple una persona aprende técnicas para suprimir la aparición de conflictos mientras que en el doble bucle trataría de resolver el conflicto en vez de suprimirlo (Argyris & Schön, 1974).

Para que la organización sea capaz de evolucionar y aprender, se hace necesaria la incorporación de estos nuevos modelos mentales que permitan experimentar y traspasar sus límites actuales.

Si una organización desalienta o sofoca algunos tipos de estructuras mentales, estas probablemente sufrirán una modificación o permanecerán en la sombra. En una compañía, los supervisores y empleados más antiguos les enseñan a los nuevos empleados que es lo apropiado y lo que no lo es, y cómo proceder. A esto se le llama "socialización". En algunos casos pueden ser adoctrinados en la filosofía de la compañía si se desvían, es posible que no sean promovidos o que no se les asigne un trabajo interesante. A esto se le denomina "marginalización". O puede que se les ignore y se les excluya. Esto es "ostracismo" (Maruyama, 1998).

4.7 Aprendizaje experiencial

Kurt Zadek Lewin (Septiembre 9, 1890 - Febrero 12, 1947), considerado como el padre del desarrollo organizacional por su contribución desde el Research Center for Group Dynamics en el Massachusetts Institute of Technology, en Field Theory in Social Sciences describe el ciclo de aprendizaje en un ciclo de cuatro estadios. A partir de una experiencia concreta se obtienen observaciones que mediante reflexión y análisis permiten una conceptualización y cuyas conclusiones e hipótesis son comprobadas en una nueva experiencia que modifica el comportamiento del actor, reiniciando el ciclo.

Ilustración 4-3: Ciclo de aprendizaje experiencial de Kurt Lewin

Todo aprendizaje organizacional tiene su origen en los individuos. Son los pensamientos y actuaciones de los actores los que influencian el aprendizaje a nivel de la organización. Los actores individuales tienen su propia teoría-en-uso que está implícita en los resultados del patrón de las actuaciones de los actores. Al interactuar, los actores intercambian sus teorías-en-uso creando la teoría-en-uso organizacional. Se crean ciclos de comportamientos compartidos negociando y consensuando el significado de las situaciones para la organización (Weick, 1979).

CAPÍTULO 5

EL MODELO COOPLEXITY

Este capítulo ha sido previamente publicado en Cooplexity. Un modelo de colaboración en complejidad para la gestión en tiempos de incertidumbre y cambio (Zamora Enciso, 2009). Ver capítulo 8.

5.1 Introducción

Durante cinco años realicé una investigación sobre el comportamiento directivo en situaciones de incertidumbre y complejidad creciente. Como consecuencia de las observaciones de los diferentes equipos identifiqué tres procesos fundamentales en su actuación.

El primero estaba orientado a la adquisición de conocimiento a través del aprendizaje. Este sin embargo no se da de manera independiente del entorno, ni siquiera de forma aislada del resto de miembros. El aprendizaje es un proceso circular de gestación y comprobación de hipótesis que incluye la relación con los demás. La experimentación por lo tanto es clave en la construcción del conocimiento. Las variables de observación fueron las siguientes.

PROCESO	VARIABLES	OBSERVACIONES
Adquisición de conocimientos	Proactividad orientada a los resultados	Obtención de datos Toma de decisiones de acción Control del objetivo
	Proactividad orientada a las relaciones	Interacción Intercambio Relación

El segundo proceso se orienta a la cohesión del grupo. La integración del grupo y la generación de confianza se producirán en torno al intento del grupo por conseguir un objetivo común. En este momento evolutivo, la existencia de un proyecto común se convierte en el motivo de la cohesión.

PROCESO	VARIABLES	OBSERVACIONES
Integración y cohesión del grupo	Integración del grupo	Cooperación Normalización Implicación
	Generación de confianza	Igualdad Generosidad

En el tercer proceso, la colaboración se muestra en su pleno apogeo y la coordinación es la clave de un funcionamiento eficaz. El liderazgo compartido es en esencia el resultado de la emergencia del este nivel. El equipo llega aquí funcionando de manera totalmente interdependiente como consecuencia de las iniciativas de acción que han ido tomándose al explorarse vías de colaboración y posibles acciones conjuntas. Cuanto mayor es el número de interconexiones, con más facilidad aparece ese liderazgo compartido, y con él, la capacidad del equipo de auto-coordinarse.

PROCESO	VARIABLES	OBSERVACIONES
Auto-coordinación	Trato de igual a igual	Consideración mutua Respeto
	Criterio de actuación	Definición del criterio Unificación del criterio Criterio alternativo

En torno a estos procesos fundamentales y a estas variables de observación planteo el modelo Cooplexity de trabajo en equipo que sería de esta manera un modelo dinámico, evolutivo, de cooperación y colaboración, en situaciones de incertidumbre y complejidad.

5.2   El modelo de colaboración

5.2.1 Los ámbitos del modelo: individual, grupal y de equipo

En ese proceso evolutivo y a medida que la complejidad aumenta cada sujeto activo es diferente. En un principio identifico individuos, que después conforman un grupo que finalmente toman conciencia de equipo.

Inicialmente son los **individuos** los que experimentan, averiguan, contrastan y aprenden. Por individuos no me refiero exclusivamente a una persona tomada de manera individual sino a una unidad de decisión independiente. Es este sentido el concepto de ámbito individual estaría relacionado con agentes que en la realidad podrían tomar la forma de departamentos, áreas, fábricas, filiales, empresas o cualquier otra agrupación independientemente de su tamaño.

A continuación, esos agentes, que en la simulación son subgrupos de tres personas, configuran un **grupo**. Este nuevo protagonista difiere del anterior en que junta varios agentes y añade relaciones entre ellos. El grupo por su parte continúa explorando, buscando soluciones, averiguando, pero además lo hace intentando buscar puntos de apoyo mutuo, mecanismos de ayuda, de complementariedad.

Finalmente aparece el **equipo** si el grupo se ha consolidado y cohesionado. La diferencia fundamental es que toman conciencia de sí mismos como nueva unidad. Tienen unas características diferentes a cuando eran un grupo en el sentido de que sus relaciones pasan a ser interrelaciones, sienten una interdependencia clara, son conscientes de cómo se afectan mutuamente en sus decisiones, se consideran y sobre todo tienen un objetivo común que debe ser construido por el conjunto. Sus decisiones son resultantes de un equilibrio entre posiciones e intereses individuales y comunes. Y todo ello se realiza sin fricción, de manera natural y espontánea y más como el resultado de un acuerdo que de una negociación.

5.2.2 Los niveles en Synergy

Al identificar los procesos clave por los que pasa la evolución del equipo y circunscribirlos a los ámbitos individual, grupal y de equipo, estamos implícitamente reconociendo tres niveles claramente diferenciados.

Así en el ámbito individual, el proceso de adquisición de conocimientos como actividad fundamental del grupo en los primeros estadios, supone un nivel de desarrollo previo. En un primer momento de incertidumbre, la experimentación y la adquisición de conocimiento, tanto de las funciones como de las relaciones, se convierte en la función diferencial del nivel.

Adquirido el conocimiento el siguiente nivel se corresponde con el proceso de cohesión del grupo. En este ámbito grupal se dan las primeras relaciones de acercamiento que llevan al proceso de integración y se cimentan sobre la generación de confianza.

Superado el segundo nivel, el tercero, el relativo a la auto-coordinación centraría toda la actividad del equipo por alcanzar los objetivos basándose en su capacidad de auto-organización. La autonomía, el criterio común de actuación, el proceso de toma de decisiones descentralizado y el conocimiento distribuido, todo ello coincidente con un equipo cohesionado, con conciencia de sí mismo y con el conocimiento y la experiencia necesaria, facilitaría la emergencia de liderazgos y de iniciativas distribuidas que llevarían a la auto-coordinación.

5.2.3 Los catalizadores en Synergy

En los tres niveles identificados existía siempre un catalizador capaz de provocar o acelerar su evolución.

El primer nivel, el identificado con el ámbito individual, está fundamentalmente orientado a la adquisición de conocimiento. En un entorno conocido alguien o algo es capaz de transmitir el conocimiento. Libros, manuales, revistas técnicas, simposios, conferencias, cursos, bases de datos, protocolos, programas. Existen multitud de mecanismos para la transmisión del conocimiento. En el mundo real además, el conocimiento puede obtenerse directamente al contratar expertos, mediante colaboraciones y asociaciones o incluso por medio de fusiones o adquisiciones.

En un entorno desconocido ese aprendizaje se realiza mediante la experimentación. Ésta sin embargo no se da de manera independiente del entorno, ni siquiera de forma aislada del resto de miembros. Aquí el aprendizaje es un proceso circular de gestación y comprobación de hipótesis que incluye la relación con los demás.

Y si experimentar para poder aprender es el leitmotiv del primer nivel, la **exploración proactiva** tanto orientada a los resultados como a las relaciones conduce a la experimentación y con él al aprendizaje, de manera especial en situaciones de incertidumbre.

El segundo nivel, el identificado con el ámbito grupal, se da con la cohesión del grupo. Aquí, la integración del grupo y la generación de confianza se producirán en torno a los esfuerzos del grupo por conseguir el objetivo común. En este momento evolutivo, la existencia de un **proyecto común** se convierte en el catalizador de la cohesión. El esfuerzo que realiza el grupo para convertir en común el proyecto y para aunar sus intereses, equilibrando los propios y los colectivos, son fundamentales para la gestación del equipo.

Finalmente en el ámbito de equipo, el catalizador del nivel de auto-coordinación son las **interconexiones**. Para que se de la auto-coordinación será fundamental la creación de las condiciones necesarias que permitan la iniciativa individual, la aparición de liderazgos espontáneos. En la Auto-coordinación, el resultado depende en gran medida de la capacidad que tenga el equipo de gestionar la complejidad y de identificar oportunidades y riesgos. Será muy importante por lo tanto el análisis conjunto, la complementariedad de puntos de vista, la riqueza de enfoques que brinda la diversidad, la iniciativa individual y espontanea, la complementariedad. Los coliderazgos sin embargo no son algo sobre lo que podamos actuar de manera directa. Deberemos dar un rodeo creando y gestionando las condiciones necesarias para su aparición. Esas interconexiones permiten el conocimiento cruzado de los agentes, de su actividad, de sus intereses, de sus necesidades.

5.2.4 La comunicación en Synergy

La comunicación juega un papel fundamental y tiene impacto sobre todo el proceso de desarrollo del grupo. Inicialmente es clave en la proactividad orientada a relaciones. Acto seguido es de vital importancia en todo el proceso de cohesión grupal, la integración y la confianza. De nuevo adquiere protagonismo en el trato de igual a igual de la auto-coordinación. No es pues una característica independiente o aislada, ni constituye una fase o nivel en sí misma. La comunicación se da a lo largo de todo el proceso, de principio a fin teniendo una importancia capital en la evolución global y supone el segundo eje del modelo.

La perspectiva de la comunicación hay que tomarla en este caso desde el punto de vista de la psicología constructivista y construccionista de que el conocimiento se construye a través de la propia experiencia.

El constructivismo, está orientado hacia la psicología de la personalidad y la educación, y el construccionismo mira hacia la psicología social y política. Ambas corrientes parten de una misma base epistemológica,[10] dada por la tesis de que el conocimiento consiste en un proceso psicológico y social constructor de la realidad, y la consecuencia de que el comportamiento humano está, no ya mediatizado, sino determinado por dicho proceso (Munné, 1999)[11].

La comunicación, teniendo en cuenta lo visto hasta ahora, debe entenderse en el modelo como determinante de las relaciones entre los miembros y responsable de la evolución a través de los diferentes ámbitos, individual, grupal y de equipo.

5.2.5 Representación gráfica del modelo Cooplexity

Consecuencia de todo lo visto hasta ahora propongo un modelo teórico de trabajo en equipo al que llamaré Cooplexity. El nombre hace referencia a un Modelo de Cooperación-Colaboración en Incertidumbre y Complejidad.

En Cooplexity los tres procesos fundamentales se ordenarían en niveles. Cada nivel, supone un objetivo a alcanzar para el desarrollo de un equipo. A pesar de que como hemos visto los tres niveles se solapan en el tiempo y por lo tanto no constituyen fases independientes, sí es cierto que la actividad diferencial de cada nivel se concentra de manera más significativa en torno a ámbitos secuenciales. Desde un punto de vista pedagógico se hace más gráfico dibujar el núcleo fundamental de la actividad de cada nivel como si se tratara de un proceso evolutivo en el tiempo, partiendo de un momento común. Se representa de esta manera que la construcción de los tres niveles debe considerarse desde el primer momento y todas aquellas decisiones del grupo ayudan a ello, a pesar de que el proceso fundamental de cada nivel requerirá de una atención especial llegado su momento y en función del nivel de complejidad adquirido.

---

[10] Las teorías pueden ser estudiadas y organizadas de acuerdo a la ontología, la epistemología y la axiología. La ontología pone el énfasis en qué es lo que se está examinando, cuál es su verdadera naturaleza. La respuesta por lo general puede tener un enfoque realista (objetivo), nominalista (subjetivo) o construccionista (real es lo que acordemos que es real). La epistemología hace referencia al cómo se está examinando. Estudia los fundamentos y métodos del conocimiento científico. El propósito de la epistemología es distinguir la ciencia auténtica de la pseudociencia, la investigación profunda de la superficial. La axiología por su parte es la rama de la filosofía que estudia la naturaleza de los valores y juicios valorativos.

[11] Accesible vía portalpsicología.org http://www.portalpsicologia.org/servlet/File?idDocumento=2069 (consultado en junio de 2009)

De este modo cada nivel evolucionaría con respecto a dos ejes de referencia, uno referido al aumento de la complejidad en el tiempo como causante de la necesidad de cada nivel y otro a la evolución de la comunicación que hace posible la transición entre niveles. Ambos ejes, parten de un punto común y mínimo. Este punto representa la cantidad mínima de complejidad y de comunicación necesaria para hacer aplicativo el modelo.

Dentro de cada nivel, las variables de observación se convertirían en factores, entendidos éstos como elementos causales del nivel.

En el primer nivel, el del *Conocimiento*, los participantes desarrollarían una actividad orientada a la exploración y basada en iniciativas. Los factores del primer nivel serían la "Proactividad a los resultados" y la "Proactividad a las relaciones".

Al avanzar en el tiempo, los miembros de un grupo ya conocerían las claves de su entorno y tendrían las habilidades necesarias para su manejo todavía simple pero suficiente. Entrarían entonces en el segundo nivel, el de la *Cohesión*. Aquí, la "Integración del grupo" y la "Generación de confianza" serán sus correspondientes factores causales. El proyecto común y el esfuerzo conjunto para conseguirlo sería el motivo.

El grupo empezaría a percibirse como una unidad y ganaría en conciencia de sí mismo. Finalmente el grupo se sentiría equipo, se consideraría mutuamente y se comunicaría en simetría y con respeto, dando lugar al factor "Trato de igual a igual". El segundo factor del nivel haría referencia a la definición y unificación un criterio de actuación y en el mejor de los casos la identificación de un plan de contingencia. Sería el factor "Criterio de actuación". El trato en igualdad y el criterio establecido permitirían la *Auto-coordinación* gracias al flujo de comunicaciones a través de las interconexiones entre los miembros.

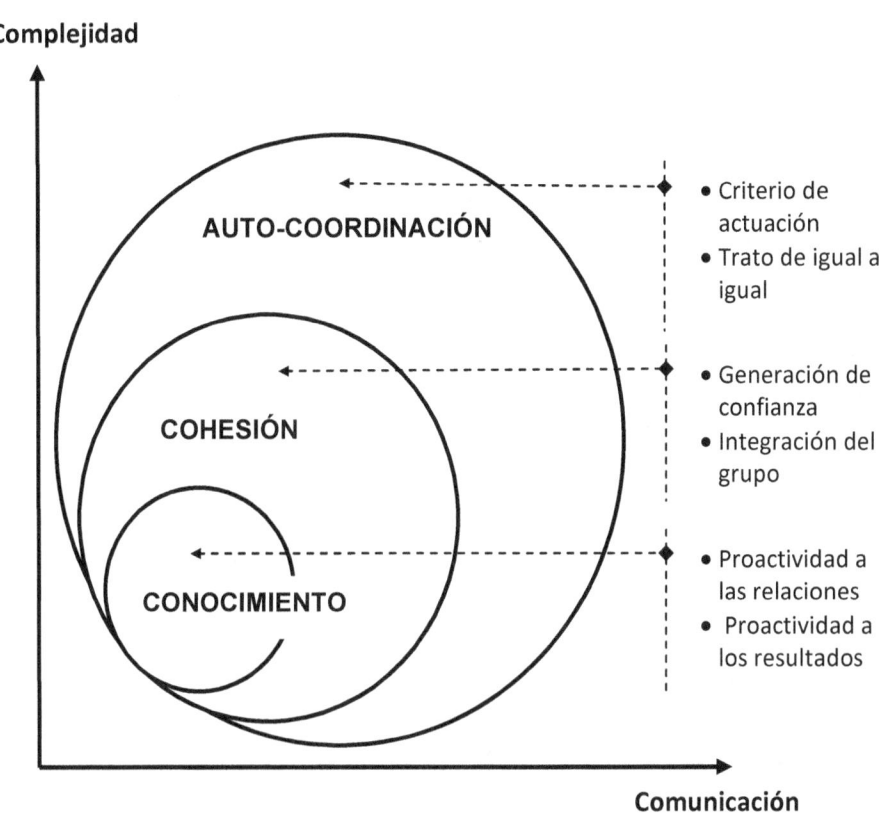

Ilustración 5-1: Representación gráfica del modelo Cooplexity.

5.2.6 "Teamworking Mix": EPIC

Además de encontrar una manera gráfica de explicar el modelo para que pueda ser más fácilmente comprensible e identificable, uno de mis anhelos era encontrar una manera simple de transmitir lo que yo entiendo que son las claves para su éxito, una forma fácil de recordarlas, de entender sus mecanismos y su aplicación.

Con esa intención denomino "Teanworking Mix" al conjunto de los cuatro catalizadores esenciales del modelo, identificados mediante el acrónimo[12] **EPIC**:

---

[12] Se considera acrónimo a un tipo de sigla que se pronuncia como una palabra; p. ej., o(bjeto) v(olante) n(o) i(dentificado). En este caso es más útil a mis propósitos porque no obliga a forzar el nombre de cada catalizador para hacerlos coincidir y al contrario, permite una mejor identificación del mensaje final.

*Explora en el marco de un **P**royecto común favoreciendo **I**nterconexiones mediante la **C**omunicación.*

"**Explora**" congela la acción fundamental de adquisición de conocimientos en incertidumbre, donde la ausencia de información hace menos viable la formación a partir de instrumentos ya conocidos o existentes. No sustituye sino que complementa a estos otros medios (formación, consultoría, publicaciones, etc.) pero sí enfatiza y concentra los factores del nivel de conocimiento, la proactividad a los resultados y a las relaciones. Incluye además otro aspecto muy importante en este nivel, la tolerancia a los fallos y el aprendizaje de los errores, inherente a toda experimentación y vital a la hora de adquirir conocimiento.

En el marco de un "**Proyecto común**", frente a las actividades del día a día, al mantenimiento, a la repetición. Un proyecto reta, concentra la atención y los recursos, estimula y provoca. Un proyecto común es compartido, ayuda a la integración de equipo y a la generación de confianza. En términos de sistemas es un atractor que cataliza la cohesión.

Favoreciendo "**Interconexiones**", puntos de encuentro, intercambios, interrelaciones, interdependencias. Todo aquello que permitirá a un equipo con conocimiento y cohesión auto-coordinarse de manera espontánea, natural y voluntaria. Un equipo cuyos agentes están interconexionados tiene los enlaces necesarios para que fluya la información. La información añadida al compromiso que da la cohesión favorece la flexibilidad y la adaptación, la reacción ante posibles riesgos y el aprovechamiento de oportunidades.

Mediante la "**Comunicación**" entendida como instrumento de interacción social, como mecanismo no solo de intercambio sino como proceso de construcción. Los agentes al comunicarse se afectan mutuamente dando lugar a nuevas realidades construidas como consecuencia de esas interacciones. La comunicación desde esta perspectiva influye en la conducta y esta a su vez es una forma de comunicación.

5.3 Resumen

Consecuencia de todo lo visto propongo un modelo teórico de trabajo en equipo al que llamaré Cooplexity: un Modelo de Cooperación-Colaboración en Incertidumbre y Complejidad.

ÁMBITO	NIVELES	CATALIZADORES	FACTORES	ACTIVIDADES
Individual	*Conocimiento*	Exploración	Proactividad orientada a los resultados	Obtención de datos Toma de decisiones de acción Control del objetivo
			Proactividad orientada a las relaciones	Interacción Intercambio Relación
Grupal	*Cohesión*	Proyecto común	Integración del grupo	Cooperación Normalización Implicación
			Generación de confianza	Igualdad Generosidad
Equipo	*Auto-coordinación*	Interconexiones	Trato de igual a igual	Consideración mutua Respeto
			Criterio de actuación	Definición del criterio Unificación del criterio Criterio alternativo

A modo de acrónimo para recordar de manera sencilla las claves del modelo propongo **EPIC**: *Explora en el marco de un Proyecto común favoreciendo Interconexiones mediante la Comunicación.*

CAPÍTULO 6

CONCLUSIONES

6.1 Competencias socio-emocionales

Las organizaciones que trabajan en entornos de cambio rápido y profundo necesitan reformularse internamente, en tiempo real, para poder aprovechar las oportunidades que se les presentan. Esto implica que las organizaciones y las personas que las integran, deben tener la capacidad de realizar tales modificaciones o de lo contrario, la oportunidad, incluso aún en el caso de ser detectada, queda fuera del alcance de la organización.

Las personas, por su parte, tomadas de manera aislada, tienen una capacidad insuficiente para actuar en este mundo global y complejo. Se hace necesario contar con equipos suficientemente capaces, comprometidos y autoorganizados, como para poder reaccionar rápidamente a nivel local, dentro de una estrategia global.

En estos momentos, lo verdaderamente importante es la capacidad de reacción y la adaptación al cambio. Las organizaciones deben dotarse de los mecanismos necesarios, para detectar los cambios del entorno, entenderlos y ser capaz de adaptarse a ellos.

Los programas de formación sistémica se convierten en pieza clave de esa adaptación, al dotar al individuo y a la organización de la capacidad de generar y aprovechar sinergias. El equipo es capaz de captar información desde orígenes múltiples, de aprovecharla para generar iniciativas, de generar liderazgos no excluyentes e intercambiables, de aprender y reformularse como grupo en tiempo real, y por todo ello, de canalizar la energía individual para dar respuestas más adecuadas al entorno.

Cuando los grupos y más concretamente los equipos son los protagonistas, las competencias socioemocionales son las encargadas de construir las relaciones que aseguren los resultados. En palabras de Daniel Goleman en su libro Emotional Intelligence "es en estas otras características a las que hemos dado en llamar inteligencia emocional, características como la capacidad de motivarnos a nosotros mismos, de perseverar en el empeño a pesar de las posibles frustraciones, de controlar los impulsos, de diferir las gratificaciones, de regular nuestros propios estados de ánimo, de evitar que la angustia interfiera con nuestras facultades racionales y, por último, pero no por ello menos importante, la capacidad de empatizar y confiar en los demás" (Goleman, 1996).

6.2 Entornos complejos

Varios factores están contribuyendo al aumento de la complejidad del entorno en el que vivimos:

- Los procesos de globalización hacen más difícilmente controlable nuestro entorno inmediato.
- Las tecnologías de la información mejoran la accesibilidad y la comunicación entre los diferentes agentes económicos, permitiendo una mayor velocidad de acción y reacción.

Estos procesos tienen un peso específico cada vez mayor, favoreciendo la interrelación de factores y agentes económicos. La dificultad de prever su comportamiento y la profundidad de su impacto, genera una gran incertidumbre en el entorno de todas las organizaciones.

Las organizaciones que trabajan en circunstancias de cambio rápido y profundo necesitan tener una gran capacidad para cambiar internamente. Ello requiere la habilidad y la flexibilidad para ajustar continuamente la organización interna, adaptándose a las condiciones externas.

De cara al futuro, adquiere cada vez mayor importancia la capacidad de aprender dinámicamente, tanto a nivel individual como a nivel de la organización, para poder aplicar los cambios necesarios que permitan la adaptación al entorno. Se hacen necesarios instrumentos capaces de reflejar sistemas complejos reales, altamente interrelacionados, de manera comprensible y de facilitar la rápida integración de la información. Estos serán los conocimientos que permitirán reacciones adaptativas rápidas.

Las nuevas disciplinas centradas en el juego y la simulación tienen la capacidad de permitir ese aprendizaje, a través de una vivencia que facilita la comprensión e integración de los sistemas complejos. Por otra parte, el uso cada vez más frecuente de los ordenadores en la representación de modelos, permite al participante centrarse en el manejo de los conceptos, relegando los cálculos y la mecánica al simulador.

Para navegar por la complejidad es necesario hacer un cambio fundamental en la manera de ver el mundo y de relacionarse con él. La teoría de la complejidad no aporta ninguna solución rápida, fácil, ninguna respuesta nueva a los problemas de gestión y organización; en lugar de eso, plantea nuevas preguntas que pueden suscitar nuevas y poderosas perspectivas.

Por último, un consejo: es mejor optar por pequeños cambios continuados en lugar de unos cuantos de grandes dimensiones, porque los pequeños cambios se pueden introducir más rápido en el grupo y resultan menos traumáticos.

6.3   La simulación como herramienta

Muchas empresas diseñan grandes programas de manejo del cambio, pero se ven frustradas en sus expectativas, porque son difíciles de poner en marcha. ¿Y esto por qué sucede?, pues porque el resultado de un programa de formación no depende sólo de un desarrollo cuidadoso, sino sobre todo de que la cultura de la empresa acepte el cambio.

El Director General puede estar completamente involucrado en el proyecto, pero si su equipo directivo no está preparado para ayudar al resto de los empleados de la plantilla a cambiar sus arraigados hábitos de trabajo, la inversión será inútil.

Por lo tanto, el primer trabajo será preparar para el cambio al equipo directivo. Existen diversos sistemas para intentarlo y todos han sido ya probados: clases magistrales, módulos de formación en aula o talleres de prácticas pueden transmitir los elementos conceptuales del cambio organizacional, pero por sí solos no pueden revolucionar las prácticas de trabajo de las personas. En general, solamente podemos aprender a través de la experiencia. La formación que incide solamente en los conceptos no deja apenas huella, convirtiéndose al final en una carpeta más, para el despacho del directivo. Si queremos un cambio real, la formación debe centrarse en las actitudes y eso sólo funciona a través de la experimentación.

Según el National Training Laboratory, el porcentaje de conocimiento que integramos, tras haber completado un programa de formación, dependiendo de la metodología empleada, es el siguiente: retenemos el 5% de una conferencia, el 10% de la lectura de un manual, el 20% de un curso audio-visual, el 30% de una demostración, el 50% de una discusión de grupo y el 75% de un aprendizaje en el que se practica y se experimenta.

En los últimos años, las simulaciones nos han demostrado que pueden superar con éxito las conocidas barreras al aprendizaje, porque tienen la capacidad de cambiar la conducta, dando a los directivos la oportunidad de experimentar, comprobar la adecuación a la realidad de sus presunciones y de aprender de sus errores, en un marco libre de riesgo.

Las nuevas tecnologías han permitido desarrollar simuladores de gran potencia, capaces de ser utilizados en dinámicas de formación superior, tanto en las universidades como en las organizaciones empresariales.

En ocasiones, las simulaciones han sido desdeñadas, considerando que tienen un valor más de entretenimiento que educacional. Pero la realidad es que si están diseñadas adecuadamente, pueden tener un papel crítico en las transformaciones que finalizan con éxito.

En una buena simulación, los directivos tienen que ser capaces de ver los resultados de la conducta habitual y de experimentar con el impacto de nuevas prácticas de trabajo. Esto nos lleva a una de las principales cuestiones, a la hora de diseñar una simulación: el diseñador puede tener la tentación de ir añadiendo variables al modelo, en un esfuerzo por acercarse al mundo real, lo que supone una gran trampa, porque a la vez enturbia la formación. El consejo consiste en encontrar el correcto equilibrio, simplificando el proceso de toma de decisiones, pero a la vez permitiendo que dicho proceso de toma de decisiones sea lo suficientemente detallado, como para representar la gama de las responsabilidades de cada directivo.

En consecuencia, una simulación correctamente diseñada sólo muestra los puntos clave de un negocio; es decir, las variables que son utilizadas en el core business.

Las ventajas de las simulaciones basadas en juegos de mesa son que fomentan un espíritu de equipo y que ayudan a los participantes a aplicar su aprendizaje en el mundo real.

Pero por encima de todo, las simulaciones deben constituir un reto. Y sabremos que lo hemos conseguido, porque cuando acaba una simulación exitosa, los participantes no querrán parar: estarán entusiasmados, forzando los límites del sistema y mejorando su propia actuación. Cuando toda su atención ha sido captada en esta dirección, el aprendizaje será simplemente automático. Al fin y al cabo, los niños aprenden jugando, y es conforme "degeneramos" en adultos, cuando vamos adquiriendo vicios, que nos impiden "desaprender" (Pesce, 2000).

El juego /simulación es una metodología de formación atractiva y motivadora, con constantes cambios de ritmo, que fomenta la interacción y la participación. El juego incide en los aspectos más emotivos del participante, provocando una actitud positiva y expectante que es esencial en el proceso de aprendizaje y se relaciona directamente con el nivel de eficacia.

Si están bien construidas, las simulaciones proporcionan grandes beneficios. Por comparación, las empresas que utilizan los programas tradicionales de formación de equipos directivos pueden estar despilfarrando el tiempo y el dinero. Una simulación bien diseñada proporcionará mejores resultados y demostrará ser más rentable, a pesar de la inversión inicial en diseño y adaptación.

6.4 La cooperación como solución

En contraposición a los planteamientos inicialmente competitivos o antagónicos, la cooperación beneficia a todos los integrantes de una empresa.

La teoría del juego recoge esta idea, explicándolo mediante el dilema del prisionero, que juega un papel fundamental en el concepto de cooperación. Se basa en la idea de dos prisioneros detenidos y encarcelados en dos celdas separadas, que deben escoger si delatan o no a su compañero. Si los dos se mantienen firmes, las condenas son reducidas; si uno delata al otro, lo dejan libre, pero si ambos "hablan" ambos son sentenciados a una larga condena.

El dilema del prisionero se repite diariamente en los negocios: el mejor resultado general, tanto colectiva como individualmente, se consigue mediante un libre y franco intercambio de información. El dilema del prisionero demuestra claramente que la cooperación es la estrategia para ganar, a la hora de tomar decisiones.

Si sólo se juega una vez (o si los jugadores saben que se acaba el juego, que es la última partida), la tentación lógica es traicionar al compañero, pero si el juego se va repitiendo, los jugadores aprenden que salen ganando si cooperan.

Naturalmente, la recompensa por la colaboración debe ser mayor que la que obtiene un jugador por la delación.

6.5 El modelo Cooplexity

El modelo permite prescribir el comportamiento de los equipos directivos en circunstancias de incertidumbre y complejidad. La toma de decisiones y el management en general se fundamenta en el orden, la estabilidad y la certidumbre. Los directivos no están formados ni habituados a lidiar con situaciones de incertidumbre. La ansiedad y el desconcierto que conlleva una situación así confunden y bloquean. Dotarnos de un modelo capaz de indicar un camino en estas situaciones tiene especial valor en momentos de crisis.

El modelo Cooplexity, creado a partir de la construcción de un entorno que permite sintetizar la esencia del comportamiento de diferentes grupos directivos exactamente en la misma situación, algo difícil de obtener en ciencias sociales donde las observaciones no se pueden aislar del entorno, nos propone un marco de trabajo donde sabemos por dónde empezar, qué pasos dar y cuáles son los aspectos fundamentales a considerar.

En incertidumbre es más arriesgado quedarse quieto que moverse en la dirección equivocada. La proactividad, la iniciativa y la experimentación nos mantendrán en movimiento, investigando, avanzando, adaptándonos. Ningún subsistema puede alcanzar el equilibrio de manera aislada. A la estabilidad se llega mediante acciones de prueba y error que tratan de forma permanente de encontrar una configuración interna adecuada al entorno en el que se encuentra.

El ámbito individual, grupal y de equipo, no son algo que podamos desligar uno de otro. Los tres inician en el mismo momento y los tres están entrelazados. Unas políticas no son independientes de otras, todas deben tener consistencia entre sí de manera global.

A pesar de ello, en cada nivel del modelo tendremos un foco más acentuado, que sin perder de vista el conjunto, nos permitirá concentrarnos en los temas más relevantes para el momento. Conocimiento, cohesión y auto-coordinación. Esto nos permite la concentración de esfuerzos en una secuencia temporal.

La cohesión es con mucho el nivel más importante del modelo. Considerada variable clave por la mayoría de estudiosos del tema, es requisito indispensable para que se dé el tercer nivel.

La auto-coordinación, auténtico artífice de la eficiencia, se torna sin cohesión en coordinación centralizada, perdiendo todos sus atributos y con ellos su eficacia.

La auto-coordinación y más especialmente la emergencia, varía el enfoque tradicional del management como conjunto de acciones y decisiones sobre el grupo y lo enfoca como conjunto de acciones y decisiones sobre el entorno. Crear las condiciones adecuadas facilitando la emergencia en vez de forzar determinadas acciones es fundamental en el modelo.

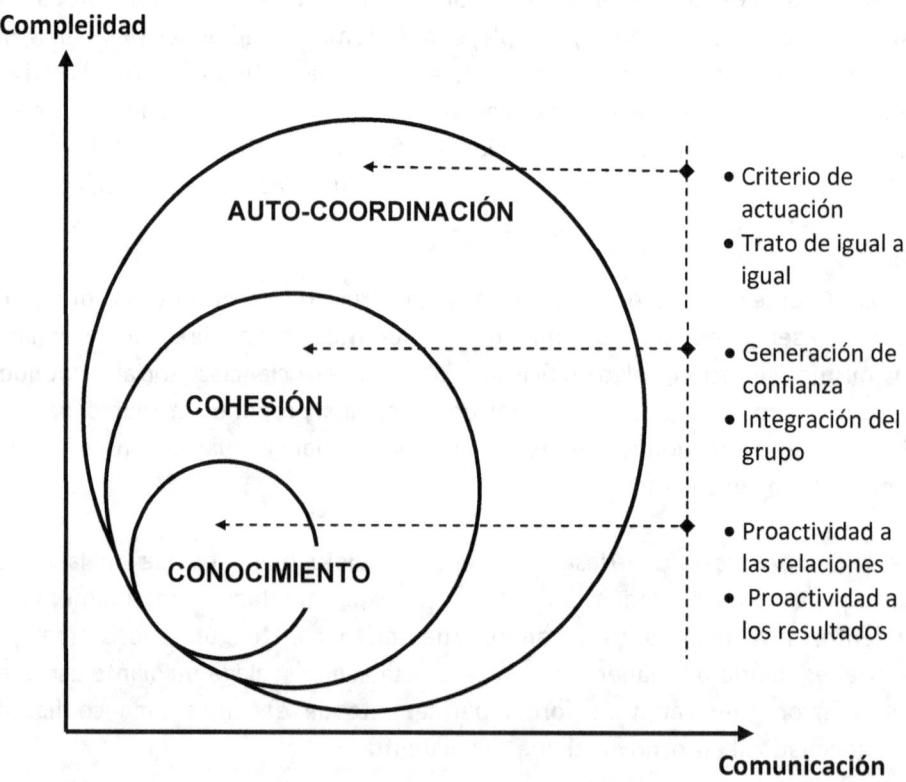

ÍNDICE DE ILUSTRACIONES Y TABLAS

ÍNDICE DE ILUSTRACIONES

ÍNDICE DE TABLAS

REFERENCIAS BIBLIOGRÁFICAS

Anderson, V., & Johnson, L. (1997). *Systems Thinking Basics.* Cambridge, MA.: Pegasus Communications.

Argyris, C., & Schön, D. A. (1974). *Theory in practice: Increasing professional effectiveness.* San Francisco: Jossey Bass.

Arrow, H., McGrath, J. E., & Berdahl, J. L. (2000). *Small Groups as Complex Systems: Formation, Coordination, Development, and Adaptation.* Thousand Oaks, CA: Sage Publications, Inc.

Bethell-Fox, C. E. (1994). Competency-based Recruitment and Selection. En A. Mitrani, M. Dalziel, & D. Fitt (Edits.), *Competency Based Human Resource Management* (págs. 67-84). London: Kogan Page Limited.

Bion, W. R. (1991). *Experiences in Groups and Other Papers.* London: Routledge.

Boyatzis, R. E. (1982). *The Competence Manager. A model for Effective Performance.* USA: John Wiley & Sons.

Boyatzis, R. (2007). *he Creation of the Emotional and Social Competency Inventory (ESCI).* Boston: Hay Group.

Branderburger, A. M., & Nalebuff, B. J. (1995). The right game: Use game theory to shape strategy. *Harvard Business Review , 4* (73).

Buchanan, D. (2000). An eager and enduring embrace: The ongoing rediscovery of teamworking as a manager idea. En S. Procter, & F. Mueller (Edits.), *Teamworking* (págs. 25-42). Great Britain: Macmillan Business.

Canals, P. A. (2005). The Strategic management of knowledge flows in the spatial economy: an aget-based modelling approach. *Doctoral Thesis .*

Carron, A. V., & Hausenblas, H. A. (1998). *Group dynamics in sport* (2 ed.). Morgantown WV: Fitness Information Technology.

Chan, K. W., & Mauborgne, R. (1997). Fair Process: Managing in the knowledge economy. *Harvard Business Review , 4* (75).

Davenport, T. H., & Prusak, L. (2001). *Conocimiento en Acción: Cómo las organizaciones manejan lo que saben.* Buenos Aires: Pearson Education.

Duke, R. (1998). The Gaming Discipline as perceived by the Policy and Organization Sciences. En *Gaming/Simulation: for policy development and Organizational Change* (págs. 21-27). Tilburg: Tilburg University Press.

Festinger, L. (1962). *A Theory of Cognitive Dissonance.* Standford: Stanford University Press.

Flanagan, J. C. (1954). The critical incident technique. *Psychological Bulletin , 4* (51), 327.

Gardner, H. (1993). *Multiple Intelligences. The Theory in Practice.* New York: BasicBooks.

Gell-Mann, M. (1995). *El Quark y el Jaguar. Aventuras en lo simple y lo complejo.* Barcelona: Tusquets Editores.

Goleman, D. (1996). *Inteligencia Emocional.* Barcelona: Editorial Kairós, S.A.

Goleman, D. (1998). *Working with Emotional Intelligence.* London: Bloomsbury.

Gomez, P., & Probst, G. J. (1999). *Die Praxis des Ganzheitlichen Problemlösens.* Berna: Paul Haupt.

Ishikawa, K. (1994). *Introducción al Control de Calidad.* Madrid: Díaz de Santos.

Katzenbach, J. R., & Smith, D. K. (1992). *The Wisdom of Teams: Creating the High Performance Organization.* Boston MA: Harvard Business School Press.

Kauffman, D. L. (1980). *Systems One: An Introduction to System Thinking.* Mineapolis, MN: Future Systems.

Kim, D. H. (1993). The Link between Individual and Organizational Learning. En D. A. Klein, *The Strategic Management of Intellectual Capital* (págs. 41-62). Woburn, MA: Butterworth-Heinemann.

Kriz, W., & Rizzi, P. (1998). Simulación y juego para el desarrollo de los Recursos Humanos. En *Los Juegos de Simulación: Una Herramienta para la Formación* (Vol. 25, págs. 131-137). San Sebastián: CIDEC.

March, J. G., & Olsen, J. P. (1998). *Ambiguity and Choice in Organizations.* Bergen: Universitetsforlaget.

Maruyama, M. (1998). *Esquemas Mentales: Gestión en un medio multicultural.* Santiago de Chile: Dolmen.

McClelland, D. C. (1976). *A guide to job competence assessment.* Boston: McBer & Co.

McClelland, D. C. (1973). Testing for competence rather than for intelligence. *American Psychologist* (28), 1-14.

McMaster, M. D. (1996). *The Intelligence Advantage, Organizing for Complexity.* Boston: Butterworth-Heinemann.

Mihata, K. (1997). The Persistence of "Emergence". En R. A. Eve, S. Horsfall, & M. E. Lee (Edits.), *Chaos, Complexity and Sociology. Myths, Models and Theories.* (págs. 30-38). Thousand Oaks, CA: SAGE Publications.

Munné, F. (1999). Constructivismo, construccionismo y complejidad: la debilidad de la crítica en la psicología construccional. *Revista de Psicología Social , 14* (2-3), 131-144.

Pesce, M. (2000). *The Playful World: How Technology Is Transforming Our Imagination.* New York: Ballantine Publishing Group.

Polanyi, M. (1967). *The Tacit Dimension.* New York: Anchor Books.

Roethlisberger, F. J., & Dickson, W. J. (1939). *Management and the Worker.* Cambridge, MA: Harvard University Press.

Salmurri, F. (2004). *Libertad Emocional: Estrategias para educar las emociones.* Barcelona: Ediciones Paidós Ibérica, S.A.

Salovey, P., & Mayer, J. D. (1990). Emotional Intelligence. *Imagination, Cognition and Personality* (9), 185-211.

Saunders, D., & Powell, T. (1998). Developing a European media simulation through new information and communication technologies: The TENSAL project. En J. Rolfe, D. Saunders, & T. Powell (Edits.), *The International Simulation & Gaming Research Yearbook. Simulations and Games for Emergency and Crisis Management* (Vol. 6, págs. 75-86). London: Kogan Page.

Senge, P. M. (1990). *The Fifth Discipline: The Art and practice of the learning organizations.* New York: Doubleday.

Spencer, L. M., & Spencer, S. M. (1993). *Competence at Work: Models for Superior Performance.* USA: John Wiley & Sons.

Tsuchiya, S. (1993). Improving Knowledge Creation Ability through Organizational Learning. En *IIIA, Proceedings of International Symposium on the Management of Industrial and Corporate Knowledge* (Vol. 93, págs. 87-95).

Tsuchiya, S. (1996). Simulation/gaming as a facilitator of Communication. A new role in the ambiguous business world. *Simulation and Gaming: An International Journal* (26), 93-100.

Tsuchiya, S., & Tsuchiya, T. (1999). The unique contribution of gaming/simulation: towards establishment of the discipline. En D. Saunders, & J. Severn (Edits.), *The International Simulation & Gaming Research Yearbook. Simulations and Games for Strategy and Planning* (Vol. 7, págs. 46-57). London: Kogan Page.

Walton, R. E. (1985). From Control to Commitment in the Workplace. *Harvard Business Review* , 77-84.

Weick, K. E. (1979). *Social Psychology of Organising* (2 ed.). Reading, MA: Addison-Wesley.

Whitehead, T. N. (1938). *The Industrial Worker.* Cambridge, MA: Harvard University Press.

Zamora Enciso, R. (2009). *Cooplexity. Un modelo de colaboración en complejidad para la gestión en tiempos de incertidumbre y cambio.* Lulu.com.

Zamora Enciso, R. (2001). The Power of an Organization is No More in the Work of a Single Person but in a Teamwork. En *On the Edge of the Millennium: a New Foundation for Gaming Simulation* (pág. 94). Bari: Edizioni B.A. Graphis.

SOBRE EL AUTOR

Ricardo Zamora Enciso es licenciado en Ciencias Empresariales y Master en Dirección de Empresas por ESADE (Top 10 European and International Business Schools, www.esade.edu).

Imparte el programa Executive Synergy en el Advanced Management Program de ESADE Executive Education y en programas de postgrado de la Universitat Autònoma de Barcelona (UAB) y de manera directa en grandes compañías y multinacionales desde USA hasta China.

Su experiencia profesional se forja en Marketing en compañías de primera línea como Nestlé, Adams o RBA Editores. Toma contacto con el mundo lúdico al dirigir en España la implantación de una filial del grupo Lego.

En 1995 funda Training Games, una consultora de formación especializada en Simulation & Gaming, es decir, en la aplicación de pedagogía activa al aprendizaje. Es creador de simuladores como Synergy, Carterbanc o Salesmanship y juegos como Teaching Cards, Fork, Las 5 fases de la venta y Linker.

Se ha **especializado en Cooperación**, área a la que dedica actualmente todos los esfuerzos de investigación. Es miembro del grupo de investigación consolidado "Catalan Center for Survey Research and Applied Statistics".

Algunos de sus clientes son Arbora & Ausonia, Grupo Santander, Deutsche Bank, Lafarge, Heineken, Red Eléctrica, Nestlé, Danone, Nabisco, BDF-Beiersdorf, HP, Akzo Nobel, Unilever, BASF o Solvay entre otros. Colabora también con el sector público con la Diputación de Barcelona, el Ministerio del Interior, la Generalitat de Catalunya o el Ayuntamiento de Barcelona.

Es miembro de la System Dynamics Society, NASAGA (North American Simulation and Gaming Association), ABSEL (Association for Business Simulation and Experiential Learning).

PARA SABER MÁS

Ricardo Zamora Enciso mantiene un blog de discusión sobre los temas relacionados con este libro en la dirección:

www.ricardozamora.es

Si desea adquirir la obra original: "Cooplexity: Un modelo de colaboración en complejidad para la gestión en tiempos de incertidumbre y cambio" puede hacerlo en

http://stores.lulu.com/RicardoZamora

Más de diez años de investigación y cinco de recogida de datos, reflejados de forma rigurosa en un libro que describe un modelo operativo de colaboración en situaciones de incertidumbre y cambio. Hacer frente a la crisis, al cambio permanente, a la incertidumbre, es algo que las organizaciones deben de hacer de forma colectiva desde una óptica de equipo y de liderazgo distribuido.

www.ingramcontent.com/pod-product-compliance
Lightning Source LLC
Chambersburg PA
CBHW081216170526
45165CB00009B/2844